コミュニティ金融と
地域通貨

我が国の地域の状況とオーストラリアにおける地域再生の事例

佐藤俊幸
sato toshiyuki

新評論

はじめに

「再生」――これは、バブル経済の崩壊以降の長期不況のなかで疲弊している我が国の地域が共通に抱えている課題である。そこでは、実体経済と金融の両面にわたってそのあり方が問題とされているといってよい。

疲弊している地域の再生を考えるにあたっては、次の二つが論点になる。第一には、地域がこれまで実体経済や金融の面においてどのような構図のなかに置かれてきたのかという点である。その点からしても、疲弊している地域の歴史をまず明らかにする必要がある。第二に、地域の再生としてどのような手法が試みられているのかという点である。いうまでもなく、地域を再生するといっても容易なことではない。だが、そうしたなかにあっても、再生に向けた懸命な努力が行われていることはまちがいない。我が国はもちろんのこと、我が国と同じようにバブル経済の崩壊とグローバル化の進展に直面している海外でもそうである。

本書では、こうした問題について取り上げていきたいと思う。

第１章では、我が国の地域の経済がどのような構図のなかに置かれてきたのかという点について論じた。とりわけ、この章では、エコノミストによって流布されてきた金融に関する諸説について検討を加え、事実の整理によって歴史を分析し、真相をできるだけ客観的に浮かび上がらせることに主眼を置いた。

第２章と第３章では、実体経済や金融のあり方を「地域に顔を向けたもの」に改革して地域の再生に取り組んでいるオーストラリアの事例を取り上げた。オーストラリアでは、バブル経済の崩壊、グローバル化、そして「貸し渋り・貸し剥し」という背景において、アメリカの倫理的な投資方法に刺激を受けて、地域コミュニティを支援する金融機関の設立や地域通貨制度の導入によって地域内循環、地域内連携が進められ、地域の再生が試みられている。オーストラリアで一体何が起こっているのか。地域再生が問われている我が国においても、オーストラリアの現状を見ておくことは有益であると思われる。

第4章では、我が国での再生に向けた取り組みを取り上げた。我が国での取り組みは地域全体をあげたものではないにしても、個別レベルにおいては自立に向けた取り組みが開始され始めている。一般に各業界の経営戦略にはある種の「常識」というものが存在していて、無意識のうちにその「常識」に支配されて経営戦略を立案している。だが、この「常識」はどこまで本当なのか。「常識」として不動化されているものに根本的な疑問を投げかけるところから経営戦略の立案を出発させ、自分たちの置かれてきた構図を冷静に分析することによって業界の「常識」を覆すような成功を収めている事例を取り上げた。

また、我が国では中小企業の横のネットワークをつくることによって地域の再生を目指す動きもあるが、その連携をつくるうえで地域の金融機関に対して期待される役割についてもあわせて論じている。

「コミュニティ金融」とは

地域コミュニティを支援する金融機関は世界的に様々なものが存在しており、その定義も様々であるが、本書で取り上げるオーストラリアの事例に共通して見られるそのおおよその特徴は、①地域の資金の地域内への再投下、すなわち地域の資金が地域の経済的基盤、福祉、環境などといった地域が必要としているところに回るようにし、地域が抱える問題の解決を図るようにすること、②地域住民による金融機関の運営への参加、③「利鞘」と呼ばれる利益の地域への還元、の３点である。それゆえ、オーストラリアの事例を取り扱う関係上、本書において「コミュニティ金融」という場合、こうした特徴に基づいて地域コミュニティを支援する金融のことを指すこととする。

オーストラリアでは「コミュニティバンク」という名称の銀行や「マレニー・クレジットユニオン」という名称の信用共同組合などがそうした取り組みを行っている。効率性を重視した金融機関もあるが、バブル経済の崩壊、グローバル化、「貸し渋り・貸し剥し」という背景の中で地域が抱える問題の解決にあたってこうした取り組みの必要性が発生している。

もちろん、オーストラリアと我が国とでは置かれている条件がまったく同一というわけではないので、その点の留意は必要であるが、そうではあってもオーストラリアの取り組みを見ておくことは有益であると思われる（なお、コミュニティ金融については、拙著「オーストラリアにおける規制緩和と地域コミュニティー金融」福島大学『商学論集』第71巻第４号、2003年３月、を参照されたいが、より立ち入った研究については今後の研究課題としたいと思う）。

もくじ

コミュニティ金融と地域通貨

～我が国の地域の状況とオーストラリアにおける地域再生の事例～

第1章

我が国の地域が置かれてきた基本的構図

第❶節　今、我が国で求められている「理想の国民像」

バブル経済崩壊後の今日ほど、不況を目の前にしてその対策のための処方箋が、政府関係者やエコノミストによって国民に提唱されている時代はないのではないだろうか。その主なものを挙げると、以下の四つとなる。

❶国際競争力を維持するため、あるいは雇用を確保するために、パート労働化や派遣労働化は必要不可欠であるという主張。

❷すべての国民が貯蓄しようとすると経済が冷え込んで国民の所得も増えないから、国民がもっと購買、消費を増やせば、企業も生産や投資を増やし、雇用も増えて景気がよくなるという主張。

❸不況のなかで財政赤字や企業経営の悪化が問題化しているので、福祉を削減すべきであるという主張。

❹雇用を確保するために起業の促進や企業の再生が急務であり、そのためには国民の株式投資によってリスクマネーを供給させることが必要であるとする主張。

いずれも、国民に対する要求からなっている。これらの主張は説得的であるのかもしれないが、それでは、これらの主張によって国民はいかなる「理想の国民像」を求められることになるのであろうか。

これらの議論を総合すると、それは①低賃金と不安定な雇用のなかで、②大量に商品やサービスの購入を行いながら、③老後も自己の蓄えだけで生きていける、④しかも株式投資を盛んに行い、損失のリスクを大胆にとることができる国民だ、ということになる。これは、誰が見ても明らかに至難の業である。

だが、実はこの到底至難の業とも思われる「理想像」が、疲弊している地域であればあるほど今外的強制として強いられている。というのも、疲弊している地域であればこそ経済の停滞に喘いでいるからである。つまり、以下のような現象が垣間見られるのである。

❶パート労働や派遣労働を甘受しなければ雇用の確保の可能性すら危うい。

❷地域の消費の低迷が地域経済の低迷に拍車をかけている。

❸若い世代の流出によって地域では高齢化が進み、老後も自分の力のみで生きていかなければならない。

❹起業、企業再生という点でも疲弊している地域ほどリスクマネーを必要としているところはない。

経済再生の処方箋として提唱されているこうした「理想の国民像」は、ある程度余裕のある地域ならばともかく、疲弊している地域に到底飲み得る再生の条件ではない。では、一体どういう形で地域を再生したらよいのか。この問題を考えるにあたっては、まず何よりも疲弊している地域がこれまで置かれてきた基本的構図を明らかにする必要がある。

近年、地域再生の戦略として「地域に密着していることは強みである」というスローガンをときとして耳にするわけだが、実際には、「強み」どころかむしろ逆に「弱み」であったという歴史的経緯がある。それだけに、「地域に密着していることは強みである」というスローガンを掲げる前に、「地域に密着していることが弱み」となってきた理由をまずおおまかに明らかにすることから始めなければならない。

第2節　実体経済の自立性の欠如と金融上の不利な立場

1．我が国の地域の中小企業の置かれてきた立場

疲弊している地域の現状

我が国において疲弊している地域は、これまでどのような立場に置かれてきたのであろうか。実体経済の面において自立性を欠き、他方、金融の面においても不利な立場に置かれてきたというのが、その基本的構図である。

地域の経済を支えているのは周知のように中小企業であるが、疲弊している地域の実体経済を見てみると、その多くは自立的な存在として存立してきたというよりは、むしろ大都市に本拠をもつ大手企業の下請け機構として存立してきたものである。売れるか売れないか分からないものをつくるよりも、販売に不安のない大手企業からの下請け受注に依存しようとする体制である。

大都市圏では1960年代から1970年代にかけて、そして地方では、1980年代のバブル経済下における円高と地価の高騰を背景に首都圏などから工場を移転してきた大手企業によって下請け的傾向を強めてきた。地方への工場の移転についていえば、所得獲得の機会の増加が「中央」に対する「地方」の経済的な格差を縮小するものとして見なされ、当時においては「地方の時代の到来」として賞賛された。

ところが、いまやこの下請け的存在というもののもつ自立性の欠如という脆弱性が、地方圏や大都市圏を問わずそれぞれの地域で露呈してきている。大手企業からの注文に依存し、注文の電話が来るのを待つというような従来の下請けの体制が、大手企業の海外進出

といったグローバル化の流れのなかで成立しにくくなっているからである（**コラム参照**）。そして、これが疲弊している地域の現状なのだ。

地域が好んで選んできた道なのか

ところで、こうした自立性の欠如という地域の立場というものは一体どこから生じたのであろうか。地域が好んでこうした道を選択してきたのかというと、必ずしもそうではない。たとえば、東北地方などでは、農業といった地域を支えてきた主要産業の没落がこうした道を選択させた。主要産業の没落から生まれる低い賃金、安い地価という条件が1980年代において首都圏などからの工場移転を加速させた（**図１－１**参照）。1960年代から1970年代にかけて中小企業の集積が見られた大都市圏などでもそれはほぼ同様である。

図１－１　三大圏から地方圏への工場移転の推移

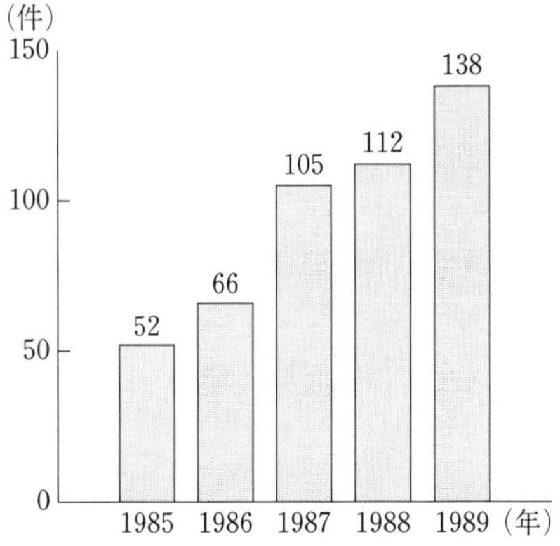

（出所）中小企業庁『中小企業白書』（平成３年版）より転載。

C　O　L

福井県と愛媛県の地域経済の現状

この点に関しては、福井県、愛媛県の事例について取り上げよう。福井県は全国の眼鏡出荷額の90%以上を占める一大眼鏡産地であるが、その眼鏡産業の発祥は明治時代に遡る。雪の多い福井の農村地帯では冬になると現金収入の道が閉ざされ、都市部へ出稼ぎをせざるをえないが、何か村に産業があれば出稼ぎをせずに家族が一緒に暮らしていける。こうした背景のなかで、当時の地元のリーダー的存在であった増永五左ヱ門氏（1871〜1938）の主導のもと福井県に眼鏡産業が明治38年（1905）に誕生したのであった。

ところが、こうして登場し、約100年の歴史をもつ福井県の眼鏡産業が、今、中国などとの関係において危機にさらされている。有名ブランドのもとでのOEM（相手先ブランドによる生産）に依存し、注文という形で仕事が来るのを待つという、従来の体制のままでは産地の生き残りは難しくなっている。注文は中国へ出され、福井のメーカーには出されなくなったからである。（坂野喜一「福井県のめがね枠製造の現状と課題」北陸環日本海経済交流促進協議会『えーじぇっく・れぽーと』第32巻、2003年７月、参照）

愛媛県も事情はほぼ共通である。愛媛県のタオル産業は明治時代に誕生し、今治市を中心に国内産タオルのおよそ約半分を生産してきた。ところが今、中国などの台頭によって企業数や生産量がほぼ半減するという状況に追い込まれている。タオル業界では企画や販路開拓を東京、大阪、名古屋という大都市圏の大手卸が一手に担うというのが従来の体制であり、愛媛県の地元はその卸からの受注によって下請け的な生産を行

U　M　N

って成り立ってきたが、この体制がいまや崩壊しつつあるのである。

卸は中国に工場を出したり、商品の買い付けに行っている。中国でのタオル生産に従事している労働者の賃金は１ヵ月およそ5,000円であり、愛媛県のそれの20分の１という低さである。そうしてつくられた中国製品が、国産品の半値で日本へ入ってくるのである。ここ愛媛のタオル産業においてもメーカーに卸からの受注の電話は途絶えた。

愛媛県のタオル産業への卸からの受注が減るということは、タオル産業にのみに影響を及ぼすだけでなく、愛媛県の地域経済全体にも打撃を与えている。卸が愛媛に買い付けに来ればそれによって宿泊や観光需要が発生するが、それがない今、愛媛県のホテルや観光産業の苦境にも拍車がかかっている。

（軒）　四国タオル産地の企業数の推移

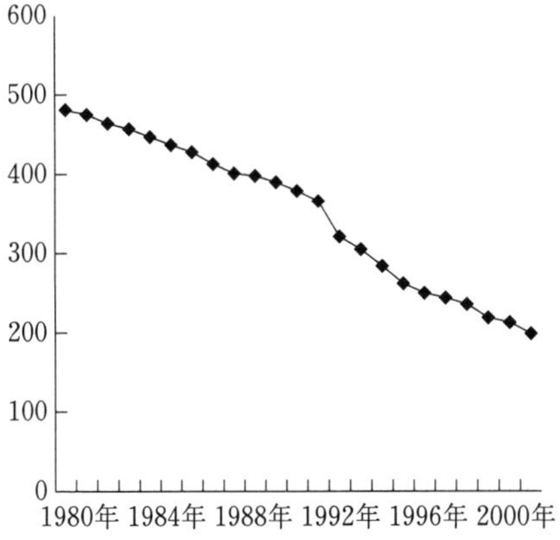

（出所）四国タオル工業組合資料（2002年）より作成。

1974年の中小企業庁の「下請企業調査」によれば、親企業に対する依存関係を何らかの形で低めたいと望む下請け企業が実は過半数にも上っていた。その理由を見てみると「親企業との取引では受注量が不安定であり収益が少ない」とするものが約50%、「親企業との取引では受注量は安定しているが収益が少ない」とするものが約20%などとなっていた[1]。

しかし、それにもかかわらず現実はどうであったかというと、**図1－2**にあるように逆にその後の1980年代の初めまでの約10年にわたって下請け的傾向が強まったのである。地域が好んで選択してきた道というよりは、むしろそうすることが「生き残りの道」とされたと見るべきである。

図1－2　下請け中小企業比率の推移

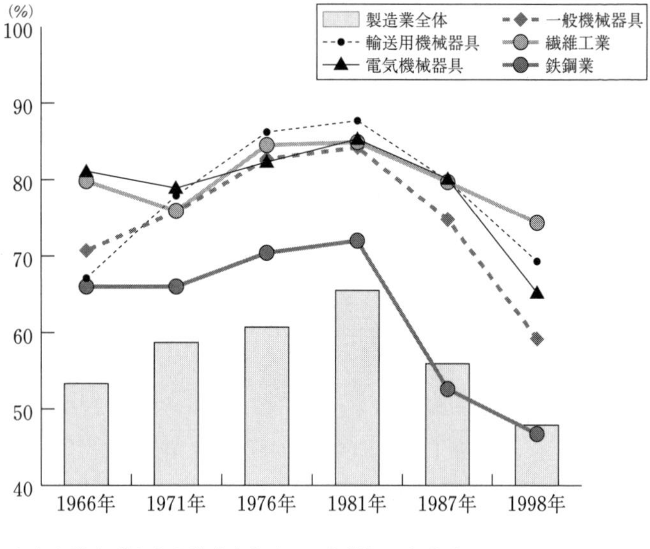

（出所）中小企業庁『中小企業白書』（2003年版）より作成。

どこから発生してきたのか

　では、なぜこうした構図が発生し、そして継続してきたのか。その発生と再生産の構造が問われなければならない。まず、その発生について論じよう。

「下請け」、それ自体はたとえば昭和初期においても不況期を梃子としながら製造業内に進展していたものではあるが、戦後に一つの大きな転機があったと思われる。すなわち、以下において論じるように、戦後復興以降において大手企業は各種の手厚い保護を与えられたのに対して、地域の中小企業はそれとは対照的な位置に置かれた。

　一つは、戦後の生産設備の荒廃のなかで生産技術力を高めるために必要な海外からの技術導入という点においてである。海外から技術を導入するには外貨が必要であるが、外貨不足に喘ぐ当時の我が国において外貨は貴重なものであったが、「中小企業製品が外貨を稼ぎ、大企業が……外貨割当を使って海外技術を導入」したのである。「中小企業の製品は輸入原材料に対する依存度が少なく外貨獲得率」が高かった。大企業は、この中小企業が獲得した外貨によって技術力を高めた。[2]

　二つ目は、大手企業に必要な輸出市場についても農産物の輸入自由化によってその販路が拡大され、これによって地域の第一次産業の衰退が加速された点である（**図１－３**、**図１－４**、**図１－５**参照）。北海道、東北、九州地方の地域経済は、下平尾勲氏（福島学院大学）が指摘されているように、戦後復興期においては実は相対的に豊かであった。[3]

（1）　中小企業庁『中小企業白書（昭和50年版）』246～247ページ、参照。
（2）　全国信用協同組合連合会20年史編集室『信用組合史・全国信用協同組合連合会20年史』1976年、327ページおよび660ページ。
（3）　下平尾勲『地場産業―地域からみた戦後日本経済分析―』新評論、1996年、17ページ参照。

図１－３　農産物の輸入数量指数

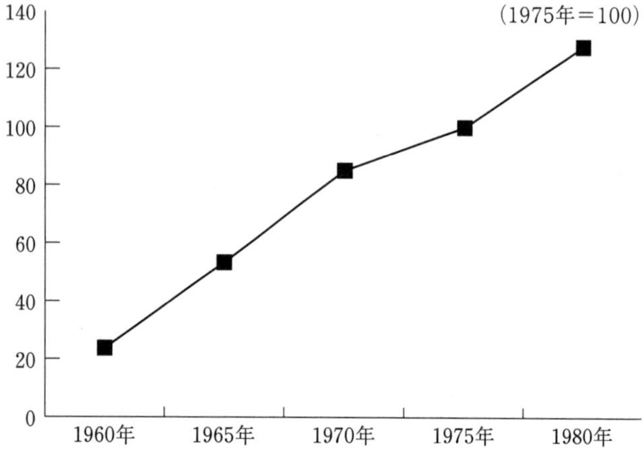

（出所）農林統計協会『農業白書附属統計表』（昭和57年度版）より作成。

図１－４　農家所得に占める農業所得の割合

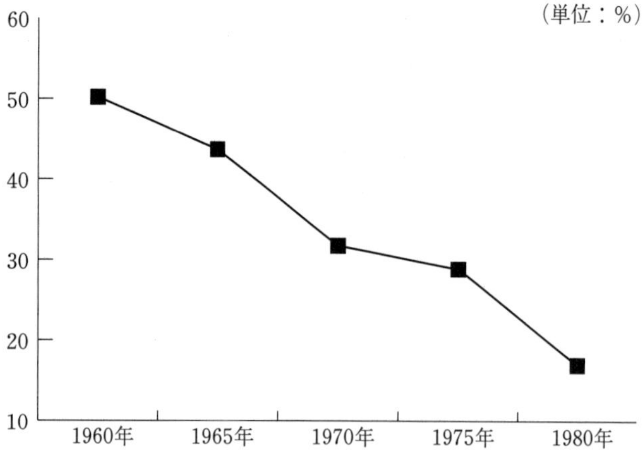

（出所）農林統計協会『農業白書附属統計表』（昭和57年度版）より作成。

図１－５　農家数と兼業農家の割合

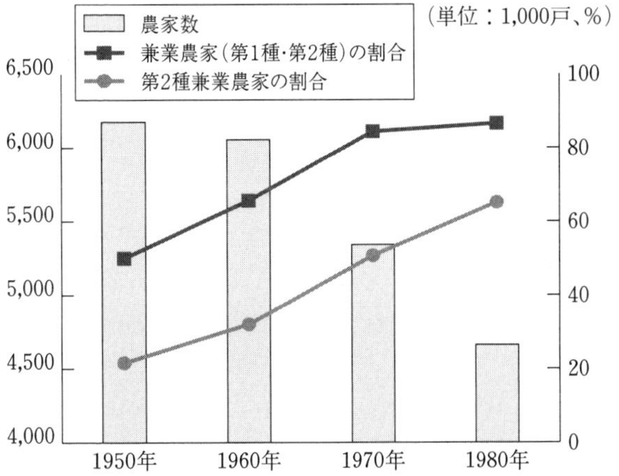

(出所) 農林統計協会『農林白書附属統計表』(昭和57年度版) より作成。

復興の必要性があるとはいえ、外貨不足であったがゆえに海外から物を購入することはできない。国内資源の積極活用によって国内の経済復興を図らざるを得ないという状況下に置かれていた我が国では、原料資源に恵まれた北海道、東北、九州地方は、国内資源の利用に基づく基幹産業の育成と食糧の安定供給という我が国の経済政策の根幹を支える地域として相対的に豊かな地位にあった。つまり、食糧需要、衣料需要、燃料需要などの社会的需要を満たすために、地域での産業育成の流れが開花し、石炭、油田開発が行われるとともに、農業では米の他、麦、馬鈴薯が作付けされた。牛の飼育もまた、農家に重要な副収入をもたらしていた。また、地域の資源を活用した地場産業の発掘と育成にも力が注がれた。

しかし、大手の企業の輸出拡大によってこうした流れが次第に変化する。外貨不足の時代にあっては農産物価格を低く抑えるために国家が強制的に買い上げ、あるいは国内の鉱山開発が行われたが、大手企業の輸出拡大によって外貨が蓄積されるようになってくると、対外均衡の観点や廉価な原材料の取得という視点から農産物や原料資源の輸入などが行われた。その結果、地方は主要産業の衰退とともに大手企業の地方進出への依存体質を強めていった[4]。

「地価が上がったから中小企業は銀行から借りられた」という幻想

三つ目は、金融の部面において民間金融、公的金融ともに大手企業中心に流れ、地域の中小企業は不利な立場に置かれたという点である。

一般には、我が国の経済成長を支えてきた金融制度の大きな特徴として不動産担保貸付が挙げられ、これによって中小企業でも低利の融資が受けられたと信じられている。たとえば、エコノミストの森永卓郎氏は次のように述べている。

「日本の間接金融は、不動産を担保にして、その担保の範囲内でお金を貸すのを主流にしてきました。…（中略）…日本のように国土が狭いのに高いGDPを生み出している国では土地の値段が高いのは当たり前であり、地価が高いおかげで銀行は低い金利でも貸し出しができた。それは土地を担保にとっておきさえすればロスになるリスクが極めて小さかったからです[5]」

「土地さえあれば誰でもお金が借りられた。この仕組みによって、中小企業でも銀行から低利の融資を受け事業を拡大できた[6]」

つまり、高いGDP（国内総生産）が日本の狭い土地の価格を押し上げ、そしてその高い地価のお陰で中小企業でもそれを担保に銀行から低利の融資が受けられてきたというのである。一見、説得力のある議論である。バブル経済以降の我が国の状況という一局面だけを切り取り、そのイメージと重ね合わせると、その説得力はいっそう確かなものになるように見える。

しかし、歴史を遡って実証的に調べてみると、決してそうではないことが分かる。ここで大事なことは、事実を整理し、分析によって真相を浮かび上がらせることである。

「GDP の伸びが高く、地価が大きく上がったから借りられた」というのは、実は歴史的に見ると幻想に近い。

図１－６、**図１－７**、**図１－８**を見ていただきたい。銀行の中小企業向け貸出が伸びだすのは、実は地価の伸びや GDP の伸びが鈍化した1970年代後半になってようやくのことであって、逆に、地価の伸びがもっとも高く、また GDP の伸びも高かった1970年以前のほうが中小企業向け貸出の比重は小さかった。いかに中小企業が充分な貸出が受けられていなかったかを実体経済に占める中小企業のシェアと比較することによって明らかにしてみよう。

1960年から1970年までの中小企業の製造業出荷額におけるシェアは、50％前後の水準で推移している。同じく、卸売業年間販売額のそれも50％前後の水準であり、小売業の年間販売額となると80％台の水準で推移している(7)。ところが、これに対して銀行貸出に占める中小企業向けのシェアはどうかというと、これらよりもはるかに少ない30％程度しかない。いかに、中小企業が銀行貸出を抑制されて

（4）　明治時代から第２次世界大戦前までの状況についていえば、日本の工業の成立と発展を支えたものは、中国からの戦争賠償金の受け取りなどを除けば農業であった。大企業の育成はいうまでもなく、中小企業の育成にも農業が深くかかわっている。中小企業金融は、中小企業同士の間での相互金融だけでは賄い切れず、中小企業の充実の必要性が唱えられていたが、第２次世界大戦の際の準戦時体制において中小企業の支援の必要性が高まったときにも農業で生み出された資金が農林中金を通して商工中金から中小企業へ流れている（大蔵省金融制度調査会『中小金融の現状』板垣書店、1948年、10ページ参照）。

（5）　森永卓郎『日本経済50の大疑問』講談社現代新書、2002年、91ページ。

（6）　森永卓郎『日本経済50の大疑問』講談社現代新書、2002年、67ページ。

（7）　中小企業庁『中小企業白書』昭和48年版、51～55ページ参照。

図1－6　5年ごとにみた土地価格の伸び

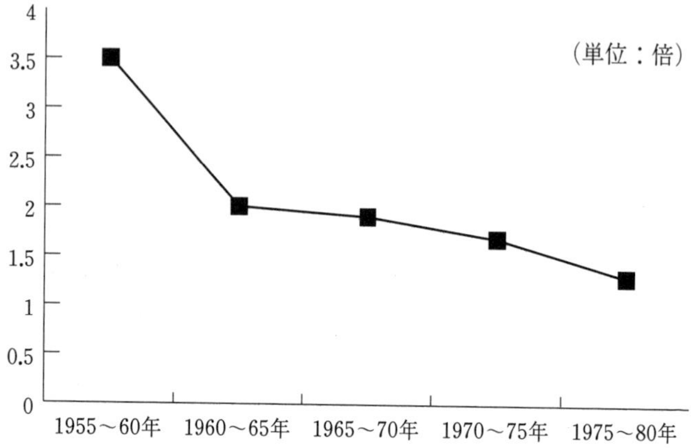

（ 注 ）全国全用途平均。
（出所）日本不動産研究所「市街地価格」より作成。

図1－7　5年ごとにみたGDPの伸び

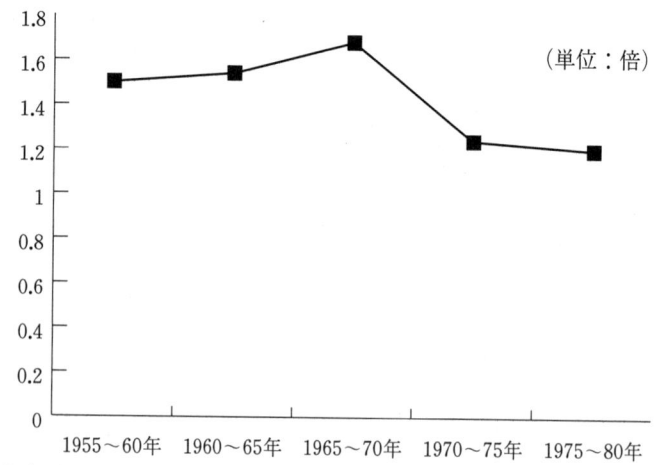

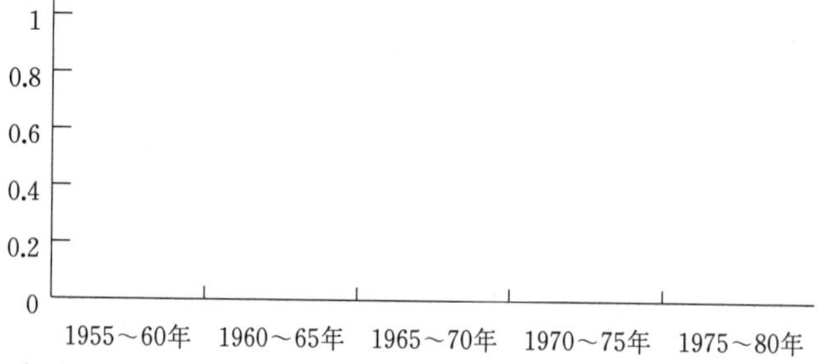

（ 注 ）実質ベース。（出所）日本銀行『経済統計年報』より作成。

図1－8　全国銀行における企業規模別貸出残高の比率

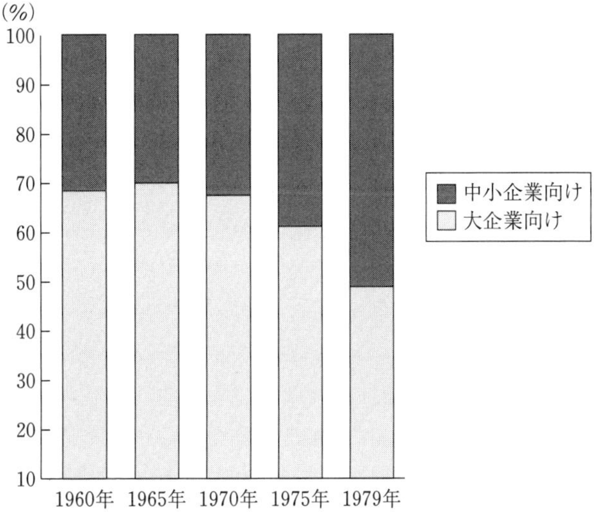

（注）全国銀行銀行勘定。
（出所）中小企業庁『中小企業白書』各年版より作成。

いたかが分かるだろう。

ようやくこの後の1970年代後半になって中小企業向けの銀行貸出が伸び始めるのであるが、その理由はもちろん「GDPや地価が大きく上がったから」というのではない。逆である。GDPの伸びの鈍化によって「大企業が1970年代後半において銀行貸出をあまり必要としなくなった」から、中小企業向けの銀行貸出が伸び始めたのである。

GDPの伸びが鈍化したことは、大企業の設備投資需要を減退させた。これにより、内部留保の充実や直接金融による資金調達の拡大という副次的な要因も加わることで、大企業は銀行借入をあまり必要としなくなった。その結果、銀行は大企業以外の融資先を開拓する必要に迫られ、個人向け住宅ローンなどとともに中小企業向け貸出に着目し出したのである。もちろん、1970年代後半になって中小企業向け貸出が着目されるようになったとはいっても、GDPや地価の伸びの鈍化という環境のなかでのことなので、中小企業向けの資金供給ルートは多くの制約を受けるものであった。

こうしたおおまかな流れを踏まえたうえで、中小企業が置かれてきたこうした金融上の立場の全体像を整理してみよう。銀行だけでなく、それ以外の金融機関も視野に入れながら歴史を区切って個別に詳しく見ていきたいと思う。

戦後復興期はもちろんのこと、1950年代後半から1960年代前半にかけての高成長の時代においても融資は大企業に優先的に与えられ、中小企業は貸出の面で量的にも金利の面でも厳しい状況に置かれていた[8]。まず、その量的な側面から分析してみよう。

この時期の中小企業は、たとえ地価が上がったとしてもそれに応じた融資は得られていなかった。**図1－9**を見ていただきたい。これらは、全国銀行に中小企業専門金融機関である信用金庫なども加えた民間金融機関の中小企業向け貸出額と市街地価格との関係を見たものである。注目していただきたいのは、担保となる土地の価格の伸びに対して中小企業向け融資の伸びが追いついていない点である。確かに、貸出残高自体は伸びてはいるが、地価の伸びに追いついていない。貸出残高の伸びは、地価の伸びの約6割から7割にとどまっている。

実は、これはこの時期における民間金融機関の中小企業向け貸出の大きな特徴なのである。大企業の場合は、我が国全体として資金不足の傾向のなかにあっても、低利かつ豊富な日銀信用を背景にしながら[9]、資金の優先的な配分を享受することができた。これに対して中小企業は、たとえ地価が上がったとしてもその分貸出が受けられるというような構図にはそもそも置かれていなかったのである。このように、この時期の中小企業は融資量の面において不利な立場に置かれていた。

次に金利を見てみよう。中小企業の資金需要に対して供給サイドの金融機関の融資量が少なかったので、中小企業向け融資の金利は高かった。**図1－10**は、中小企業向け融資を主とする信用金庫や相互銀行の貸付金利と、大企業向け融資を主とする都市銀行の貸付金

図1－9　市街地価格との対比でみた民間金融機関中小企業向け貸出残高の伸び

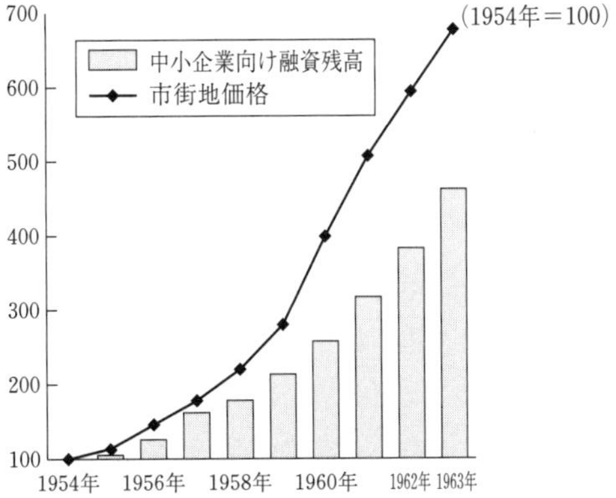

(注) 1. 市街地価格は、全国の全用途平均指数を用いた。
2. 民間金融機関中小企業向け貸出残高は全国銀行、相互銀行、信用金庫、信用組合を対象としている。
3. 相互銀行、信用金庫には、金融機関貸付金、全信連短期資金および地方公共団体貸付金は含まない。

(出所) 日本不動産研究所「市街地価格指数」、中小企業金融公庫『中小企業金融公庫十年史』より作成。

(8)　この時期の日本の金利水準は、欧米に比べて高かった。

(9)　たとえば、1961年下期では都市銀行の資金源泉の半分が日本銀行借入金からなっている（中小企業庁『中小企業白書（昭和38年版）』1964年、353ページ参照）。なお、日銀信用の役割については、中村孝俊『高度成長と金融・証券』岩波新書、を参照されたい。

図１－10　金融機関別貸付平均利率

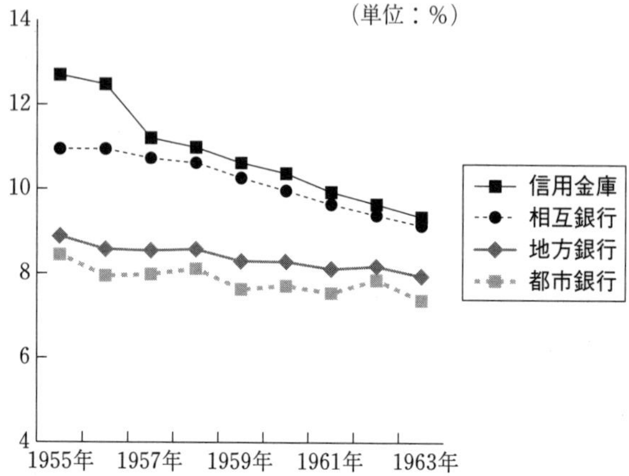

(出所) 日本銀行『本邦経済統計』、同『経済統計年報』より作成。

利とを比較したものである。ここから、中小企業向け融資を専門とする信用金庫や相互銀行の貸付金利のほうが圧倒的に高かったことが分かる。

事実、このように中小企業が民間金融機関のレベルで不利な扱いを受け、中小企業へ充分資金が流れていなかったからこそ、1950年代初めに中小企業金融公庫の設立などといった中小企業に対する公的な金融制度の整備が行われたのであった。

公的金融による融資の選別

では、民間金融を補うはずのこの公的金融の面で中小企業はどのような立場に置かれていたのだろうか。やはり、ここでも事情は同じである。大手企業向け融資と比較して中小企業向け融資は、金利や量の面で不利な立場に置かれていたのである。

それだけではなかった。同じ中小企業向け貸付であっても、そこには融資の選別が存在していた。ここでは中小企業金融公庫を取り上げてみよう。中小企業金融公庫とは、民間金融機関から中小企業へ特に流れにくい長期資金の供給に道を開く機関として設立されたものであった。ここで「長期資金」というのは、設備投資のための資金と、その設備投資に伴って必要となる長期運転資金という二つを指す。このうち、中小企業金融公庫の貸付のほとんどを占めていたのは設備投資資金のほうであった（**図１－11**参照）。ということは、中小企業金融公庫から貸付が受けられるか否かが中小企業にとってきわめて大きな意味をもつことになる。というのも、生産の長期的なあり方を規定するのが設備投資だからであり、その設備投資のための資金は民間金融機関からはなかなか借りられないからである。

図１―11　中小企業金融公庫の使途別貸付残高

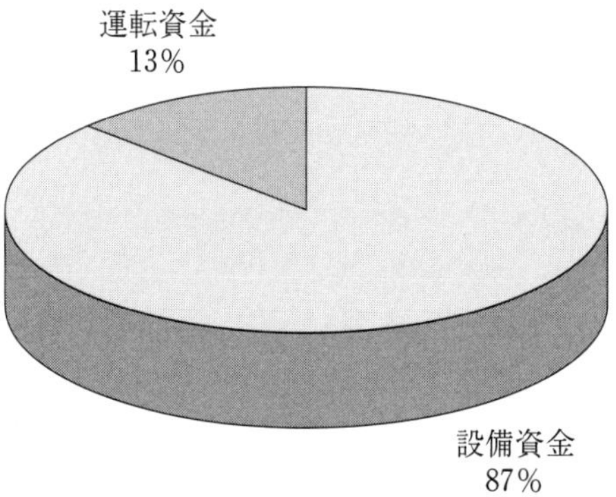

（注）1960年時点。金額ベース。
（出所）中小企業金融公庫『中小企業金融公庫10年史』（1964年）より作成。

ところが、この中小企業金融公庫の貸付はというと、製造業、なかでも大手企業の下請け比率の高い繊維品製造業、機械製造業、電気機械器具製造業、輸送用機械器具製造業に比重が置かれていた(**図1－12**参照)。1960年においては、この四つの部門だけで製造業向け設備資金貸付の約40%を占めていた。つまり、中小企業金融公庫の貸付のあり方が大手企業の下請け的な企業であれば設備投資資金を受けやすい体制とされていたことを意味する[10]。

このことに対応して、中小企業金融公庫の貸付には地域的な選別が存在していた。すなわち、下請け中小企業の集積が見られた大都市を中心にして中小企業金融公庫の資金が流されたのである。

中小企業金融公庫の地域別の貸付状況を見てみよう（**図1－13**参照)。1960年における中小企業金融公庫の融資の地域別シェアを見てみると、東京は19%にも上っていた[11]。この数値がいかに高いものであるかは、中小企業金融公庫の貸付の主な原資となる郵便貯金残

図1－12　中小企業金融公庫の業種別設備資金貸付状況

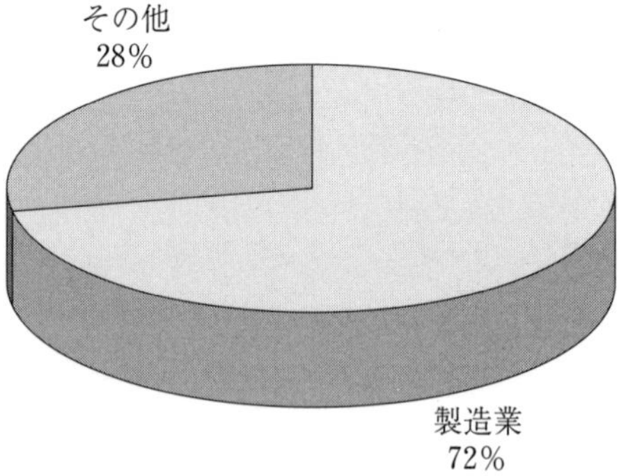

（注）1960年時点。金額ベース。
（出所）中小企業金融公庫『中小企業金融公庫10年史』（1964年）より作成。

高と比較してみると分かる。実は、この時期の郵便貯金残高に占める東京のシェアは11％であったにすぎない。すなわち、シェアとの関係でいえば２倍近くの融資資金が東京に集中された計算になる。

大阪でも同様である。中小企業金融公庫の融資に占める大阪の割合は11％であるが、郵便貯金残高に占める大阪の割合は６％である。大阪でも、やはりシェアとの関係で見て約２倍に相当する融資資金が集中された計算になる。この結果、東京と大阪の二つだけで中小企業金融公庫の貸付全体の約３割が集中した。

以上、述べてきたような流れのなかで、大手企業の下請け的存在となることが「生き残りの道」としてスポットライトを浴びることになったのである。

図１－13　中小企業金融公庫の地域別貸付の実態

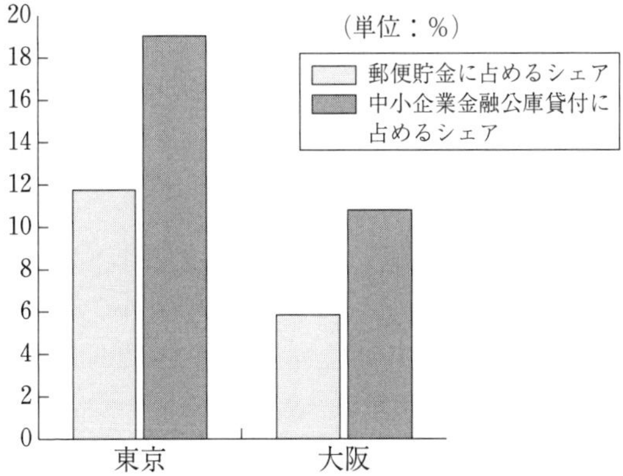

（注）1960年の数値。
（出所）中小企業金融公庫『中小企業金融公庫10年史』（1964年）主要統計12ページ、および東洋経済新報社『地域経済総覧』（昭和46年版）より作成。

(10)　なお、この点については、中小企業金融公庫『中小企業金融公庫10年史』1964年、195ページを参照されたい。
(11)　中小企業金融公庫『中小企業金融公庫10年史』1964年、付属統計13ページ参照。

2．下請け的傾向の再生産
――周囲の生活基盤を動揺させる保証貸付の台頭

自己資本の蓄積の抑制

ひとたび下請け的存在となると、下層部であればあるほどその立場から這い上がりにくい状況がつくり出されてくるのもまた事実である。この点について1960年代後半以降の状況を中心に見てみよう。

大手企業が下請けを利用する主な理由は、自社で製造するより下請けに出したほうがコストを安くできるという点にある。ということは、下請け的な立場に立てば収入が抑制されるということを意味する。こうした収入抑制の傾向は、1960年代末から1970年代にかけての貿易為替の自由化を契機とした、国際競争力強化のための大手企業からのコストダウンの要請や多品種少量生産体制への対応の要請によってますます顕著となった[12]。中小企業の受注内容が受注単価の引き下げに加えて、多品種少量化、短サイクル化され、ますます採算に合わない受注となったのである。

こうした日本の中小企業の地位を、国際比較のなかで見てみよう。中小企業庁の調査によれば、**図1－14**にあるように従業者数との関連で見た付加価値額のシェアはアメリカの中小企業の場合ほぼ等しい関係にあるが、日本の中小企業の場合は従業員数のシェアに比べて付加価値額のシェアが低く、収益性が劣っていることが分かる[13]。

不動産担保貸付の限界

このように収入が抑制されると、自己資本の蓄積を欠くことになる（**図1－15**参照）。自己資本の蓄積を欠くと、金融を媒介にしながら以下のような二つの流れから下請け的性格を強める傾向が増幅される。

図１―14　製造業中小企業の日米比較

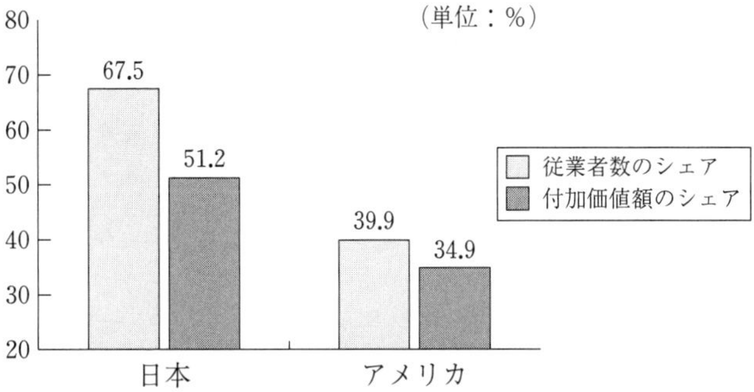

（注）日本…通商産業省「工業統計表」1970年。
アメリカ…商務省「Census of Manufactures」1967年。
（出所）中小企業庁『中小企業白書』（昭和48年版）より加工のうえ転載。

図１―15　中小企業の自己資本比率

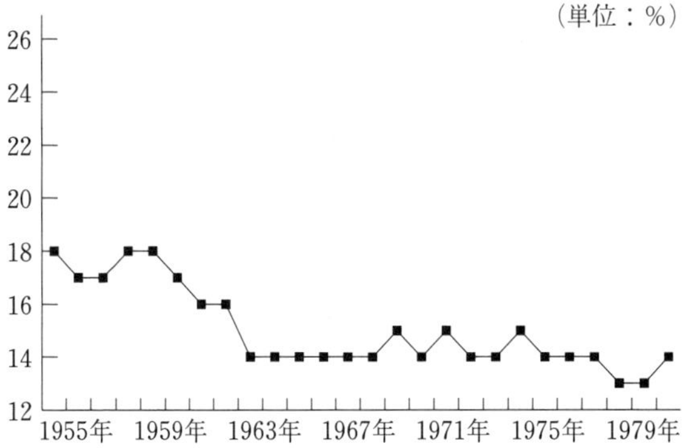

（出所）中小企業庁『中小企業白書』各年版より作成。

(12)　1980年代後半のバブル経済と多品種少量生産との関係についての優れた研究としては、山口義行・小西一雄『ポスト不況の日本経済』講談社、1994年、がある。

(13)　中小企業庁『中小企業白書（昭和48年版）』53ページ、参照。

一つは、自己資本の蓄積を欠くと不況などさまざまな事態に対する対応力が弱くなるから金融機関からの借入が不可欠となるが、中小企業の金融機関からの借入には担保という問題が常に立ちはだかるからである。

周知のように、担保とは、融資した資金を回収できない場合に備えて金融機関が融資先から確保しておく「穴埋め」の手段である。大手企業向け貸付の場合は、担保なしでの貸付、すなわち「信用貸付」が第1位のシェアをなしているが、中小企業向け貸付の場合は取引関係のある大手企業が資金の工面に道をつけてくれる場合もあろうが、金融機関から融資を受ける場合、担保なしの「信用貸付」は少なく、ほとんどの場合担保が厳しく要求される(**図1－16**参照)。

では、実際に中小企業専門金融機関である信用金庫を例に取りながら、中小企業が直面させられる担保の問題について見てみよう。

担保にはいくつか種類があって、企業の土地、建物、預金、有価証券あるいは企業経営者本人やその家族、親戚、知人などを返済の保証人とするものなどがある。このうち、信用金庫などの中小企業専門金融機関においては、預金を担保にとることが流動性が一番高く、確実でもっともよいとされ、次いで、市場価格の変動は受けるものの、回収の容易さなどから有価証券や土地などの物的担保が保証人などの人的担保よりも良いとされていた。(14)

表1－1を見ていただきたい。これは、信用金庫の担保別貸出金の推移を分析したものである。信用金庫の担保別貸出金の統計は「預金積金」、「有価証券」、「動産」、「不動産」、「信用保証協会信用保険」、「保証」、「信用」、「その他」の八つの分類からなっているが、この表では、その内から貸出全体に占めるシェアの大きいもの上位3位までを年代別にランク付けしてある。ここから、中小企業が直面させられる担保の問題が見えてくる。

図１－16　信用金庫における信用貸付の割合

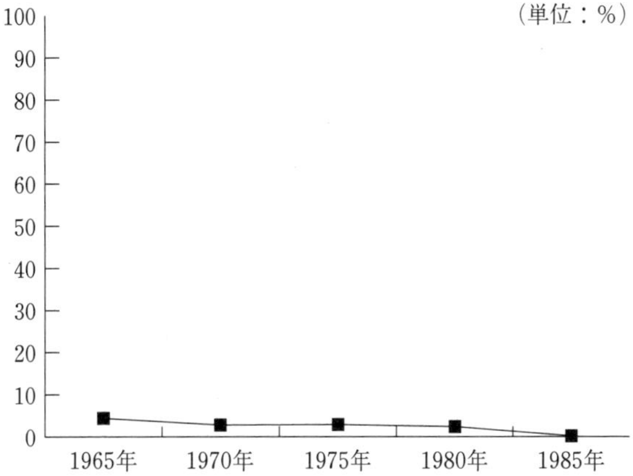

（出所）全国信用金庫協会『信用金庫50年史』（2002年）より作成。

表１－１　信用金庫の担保別貸出シェアの変遷（1955～1975）

	第１位	第２位	第３位
1955年	預金積金(34.8%)	不動産(20.9%)	有価証券(2%)
1960年	預金積金(32.9%)	保証(28.1%)	不動産(25.8%)
1965年	預金積金(32.3%)	保証(30.7%)	不動産(26.4%)
1970年	不動産(34.8%)	保証(33.4%)	預金積金(22.7%)
1975年	不動産(42.4%)	保証(35.3%)	預金積金(11.3%)

（出所）　全国信用金庫協会『信用金庫50年史』の資料を元に作成。

(14)　全国信用金庫連合会『全国信用金庫概況』1962年７月、11ページ。

1955年から1965年までの中小企業向け貸出の中心は、担保としてもっともよいとされた預金・積金担保による貸付であった。ところが、1965年以降ないし1970年代以降の貿易為替の自由化を契機としたコストダウンの要請や多品種少量生産への移行によって中小企業の収入が相対的に抑制されたことや、政府の行政指導によって預金を担保にとることは相対的に難しくなってきた[15]。

その一方で、1960年代後半以降の企業倒産の高まりに示されるように中小企業の不安定さは増しており（**図1－17**参照）、そうした不安定さを増している中小企業分野へ融資する以上、信用金庫は回収不能に陥ることのないように貸付の保全第一主義を強めることが求められた。そこで、土地などを担保にとるという方法、いわゆる不動産担保貸付が一般化したのである。銀行も、GDPの鈍化のもと大企業向け融資が伸ばしにくくなるにつれて中小企業向け融資に

図1－17　企業倒産件数の推移

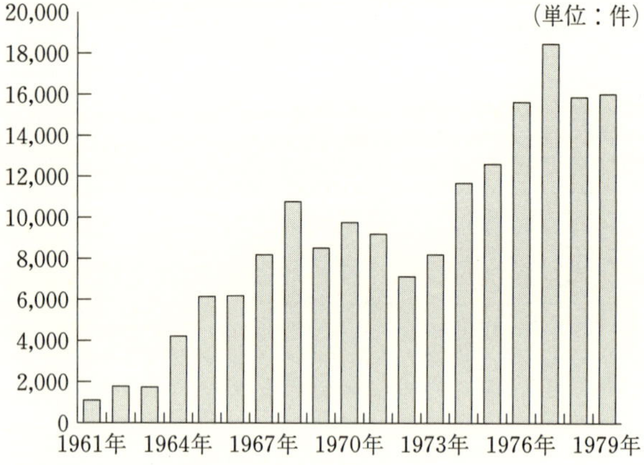

（注）東京商工リサーチ調べ。
（出所）東洋経済新報社『経済統計年鑑』各年版より作成。

乗り出す際にこの信用金庫の姿勢を後追いした[16]（**図１－18**参照）。

両者の違いは、銀行の中小企業向け融資への参入を受けた結果、信用金庫がより不安定な企業層へとはじき出されるようになったという点にあるにすぎない。銀行の中小企業分野への進出によって信

図１－18　全国銀行と信用金庫の不動産担保貸付の割合の推移

（単位：％）

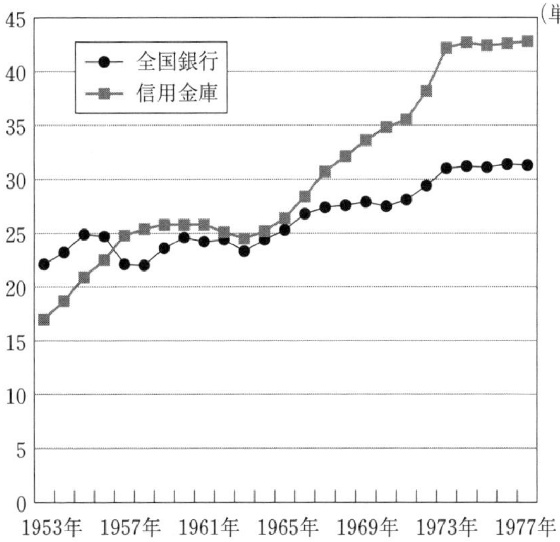

（注）信用金庫の1953年から1957年の数値は、資料の制約上一部に動産担保を含む。

（出所）日本銀行調査局『本邦経済統計』、同『経済統計年報』、全国信用金庫協会『信用金庫50年史』より作成。

(15)　歩積・両建預金に対する行政指導は預金積金担保貸付のシェアを低下させた主因ではなく、あくまでも副次的要因にすぎない。なお、歩積・両建預金については、大蔵省銀行局『銀行局年報（昭和45年版）』56～58ページ、大蔵省銀行局『銀行局現行通達集（昭和46年版）』17～29ページ、全国信用金庫協会『信用金庫25年史』1977年、255～260ページ、参照。

(16)　1980年代前半になると、いっそうこの傾向は顕著になる。「信用金庫の優良既往貸出先をターゲットにした債務肩代わり勧誘が目立つようになった」（全国信用金庫連合会『全国信用金庫連合会40年史』1991年、394ページ）。

用金庫がより不安定な企業層への貸付へはじき出された結果、信用金庫はいっそう保全第一主義に走った。信用金庫の不動産担保貸付の比重が、1970年代には1960年代後半と比較してさらにもう一段上昇し、保全第一主義が強化されていることが**図１－18**からも読み取れるであろう。

不動産担保貸付は1980年代後半以降のバブル経済の発生と崩壊によってとりわけ世に注目されるようになったが、戦後の我が国において不動産担保貸付の比重が高まりを見せ、その地位が強固なものとなるのは、このように1960年代後半ないし1970年からのことなのである[17]（**図１－18**参照）。それまでの我が国の銀行の不動産担保貸付の割合は、第２次世界大戦直後の1940年代後半を一時的な例外とすれば、戦前の1930年から1935年にかけて、そして1950年代においても20～25％で推移していたにすぎなかった[18]。

だが、注意していただきたい。実は、土地を担保にとるというこの方法の採用でも充分ではなかったのである。土地を担保にとるといっても、下請け機構のなかで収益が抑制されている日本の中小企業にあっては、保有する土地の量にはやはりかぎりがある。たとえば、1957年から1965年までをとってみると、中小企業の１企業当たりの固定資産が増えたといっても、それは大企業の１企業当たりの僅か150分の１にすぎない[19]。となると、こうした量的な制約のなかでもし不動産担保貸付だけで中小企業向けの融資を支えようとすれば、それに見合うだけの相応の地価の上昇が前提にされなければならないことになる。ところが、実際にはその前提となるべき相応の地価の上昇がなかったのである。

この点については、**図１－19**を見ていただきたい。これは、1965年以降の地価の伸びと民間金融機関中小企業向け貸出の伸びを比較したものである。貸出の伸びに比べて相応の地価の上昇がないこと

図１―19　市街地価格と民間金融機関中小企業向け貸出残高の推移

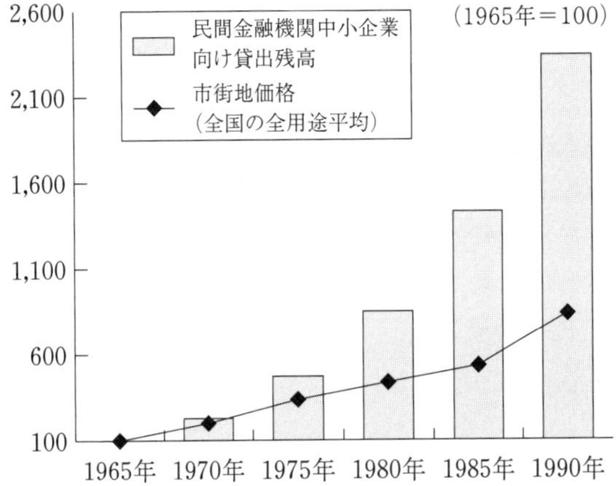

(出所) 日本不動産研究所「市街地価格」、日本銀行「経済統計月報」より作成。

が分かる。これはどういうことを意味するかというと、中小企業から土地を担保にとるといっても相応の地価の上昇がなかったため、まだ担保が足りないとされたということであり、土地以外のもので担保不足の穴埋めを中小企業が金融機関から要求されたということなのである。

周囲の生活基盤を動揺させる保証貸付の台頭

では、一体何で穴埋めされたのか。それは、経営者本人はもちろんのこと、それ以外の家族、親戚、知人を返済の保証人とすること

(17)　不動産担保貸付の割合の増加については、貸出先の業種別構成の変化も一因としてあるように思われる。
(18)　この数値は、普通銀行のそれである。日本銀行調査局『本邦経済統計第７巻昭和11年・昭和12年版』クレス出版、1991年、参照。
(19)　中小企業庁『中小企業白書（昭和41年度）』1967年、194ページ、参照。

などによってであった。保証人とは、おおまかにいえば、債務を返済できなくなったときに債務者に代わって返済する義務を負う人のことをいう。中小企業の内部に有力な資産がない以上、担保は、中小企業の外部、すなわち経営者はもちろんのこと、その家族や親戚、知人といった周囲を取り巻く人々の家や蓄えといった生きていくために必要な生活基盤に求められたのである。先に見た**表１－１**にあるように、経営者本人やその家族、親戚、知人を保証人とすることを担保にした貸付を示す「保証貸付」が、担保別貸出の第２位にランクされるようになったことに表れている。そもそも「保証貸付」は、それ以前の1955年のときには担保別貸出において全体の僅か１％を占めるだけの小さな項目にすぎず、上位にランクされるものではなかった。それが、シェア第２位にまで踊り出たのである。

確かに、全体のシェアという点では不動産担保貸付に第１位の座を譲っているが、しかし逆に伸び率という点において見ると全体の僅か１％から35％にまで上昇し、シェア第２位にまで上り詰めた「保証貸付」のほうが圧倒的に高い。「不動産担保貸付が我が国の金融制度の主流をなしてきた」と一般にはいわれているが、中小企業向け貸出の伸びを支えたのは、土地担保というよりはむしろこの「保証貸付」であった。もちろん、こうしたことは信用金庫の場合にかぎったことではなく、1970年以降の中小企業分野への参入を強めた銀行もこうした方法をとった。

周知のように、バブル経済の崩壊以降の企業倒産件数の高まりのなかで、「保証貸付」が中小企業の経営者だけでなく、その家族、親戚、知人といったその周囲にいるすべての人の生活基盤を根こそぎ奪うとして今日問題視されている。これが多くの尊い命を奪うことにつながり、遺された者が悲嘆にくれることも許されず、返済責任を遂行させられるという現実を生み出すことになるのだが、我が国でこの「保証貸付」のシェアが確たるものとなったのは、実はこうした歴史的背景に基づくものであった。

以上、分析してきたように、中小企業が金融機関から融資を受けることは容易ではないし、また融資を受けられたとしても経営破綻することは許されない。破綻すれば、経営者本人だけでなく、保証人となった家族、親戚、知人といった身の周りの人々の生活基盤が奪われるからである。それゆえ、収益性を度外視してでも、少なくても資本還流だけはある程度保証され、経営破綻を回避できる下請けを続けていくことが必要になるのである。

困難な研究開発費の捻出

さて、下請け的性格を強めさせるもう一つのものは、自己資本の蓄積を欠くと商品開発に必要な研究開発が困難になる点にある。将来、形になるかどうかが見えにくい研究開発には金融機関（公的金融機関であるか民間金融機関であるかを問わず）は融資しにくいから、中小企業の場合、研究開発費は自己資本において捻出しなければならない。しかし、その原資となる充分な自己資本がない。研究開発ができなければ、独自のブランド力をもたない中小企業は、仮に独自に市場にアプローチをしても、量産品として価格競争の波をまともに受けて海外などの廉価な製品には対抗できない。市場での直接的な販売が困難である以上、下請けを続けていくしかないのである。

このようにして、地域の中小企業の生産活動は大手企業に大きく左右され続けることになる。ここに、「価格決定権、返品権を握られ、注文にも左右される」という下請けの強固な構図が地域の中小企業において完成する。したがって、現代のようにグローバル化のなかで大手企業からの受注が激減すれば、地域内の経済を支える中小企業の生産や存続が動揺し、地域経済全体が疲弊することになる。[20]

農業などの第一次産業が衰退しているなかで中小企業にそうした事態が発生するので、地域では支えがなくなる。もちろん、グローバル化以前に、そもそも大手企業の下請けにすらなれなかった地域ではなおさら支えがない。地域の中小企業も苦渋の決断を迫られることになるし、地域の金融機関も貸出できない状況に追い込まれる（**図１－20**参照）。地域では、人、資金、雇用の流出に歯止めがかからないというのが現状である。

図１－20　民間預貸率

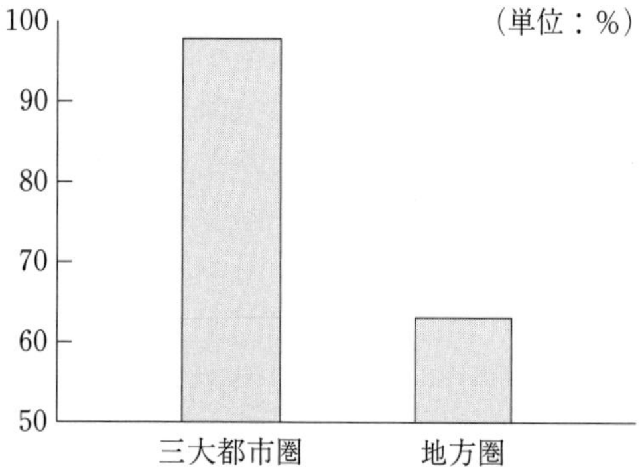

（ 注 ）数値は2000年。
（出所）日本政策投資銀行　地域政策研究センター『地域ハンドブック』（2002年度版）より作成。

(20)　農村地帯が今ま置かれている状況に関する優れた研究としては、岡田知弘「むらづくりと地域経済の再生」日本地域経済学会『地域経済学研究』第13号、2003年３月、また公共事業と地域との関連に関する研究としては中山徹『地域経済は再生できるか—地方自治体のあり方を考える—』新日本出版社、1999年、同『公共事業依存国家—肥大化の構図と改革の方向性』自治体研究社、1998年、がある。

第2章

オーストラリアのマレニーにおける地域再生の事例

～マレニー・クレジットユニオンと地域通貨による地域内循環のシステム～

3
4

これまで見てきたように、実体経済の面において自立性を欠き、他方、金融の面においても不利な立場に置かれてきた。これが、我が国の地域が置かれてきた基本的な構図である。その結果、地域では人、資金、雇用の流出に歯止めがかからなくなった。したがって、地域再生に向けた取り組みにおいてはこうした状況を見つめ直し、地域自身が自らの足で立とうとする姿勢が必要となる。

もちろん、地域はさまざまな制約や不利な条件のもとに置かれており、地域が自立するといっても決して容易なことではないが、そうしたなかにあっても地域に眠っている資源、あるいは地域に存在してはいても外部に流出していた資源を活用しながら、地域の実体経済や金融のあり方を「地域に顔を向けたもの」に改革し、地域の自立、再生に取り組んでいるという事例が一方にあるのもまた事実である。

たとえば、オーストラリアのマレニー（Maleny）という小さな町では、地域を再生させるという地域の人々の強い意志と行動力を原動力に、地域コミュニティのための金融機関や地域通貨制度を設立し、資金、人、物という経済的資源を地域内で循環させて、地域内での連携を進めながら自らの足で立つことを試みている[1]。

オーストラリアと日本とでは世界経済において占めている立場が異なるとはいえ[2]、マレニーもまた日本の多くの地域と同様に実体経済の面において自立性を欠き、金融の面においても不利な立場に置かれてきた地域であった。しかし、地域の人々が協力し、支え合い、リスクも利益も分かち合いながらこうした自らの置かれた立場を変革することに取り組んでいる。

では、マレニーの取り組みとはいかなるものであったのか。この章では、こうしたマレニーの地域再生の事例を取り上げよう。

第❶節 グローバル化のなかでオーストラリア経済はどう変化したのか

1．実体経済の変化～製造業の衰退とリゾート産業の開花～

マレニーの取り組みについて論じるに前に、マレニーの町を取り巻いていたオーストラリア経済の全体について、実体経済と金融の両面からあらかじめ少し触れておかなければならない。

オーストラリア連邦（Commonwealth of Australia）は六つの州と二つの特別区、すなわち、ニューサウスウェールズ州（NSW:New South Wales）、ビクトリア州（VIC:Victoria）、クイーンズランド州（QLD:Queensland）、南オーストラリア州（SA:South Australia）、西オーストラリア州（WA:Western Australia）、タスマニア州（TAS:Tasmania）、ノーザン・テリトリー（NT:Northern Territory）、オーストラリア連邦首都特別区（ACT:Australian Capital Territory）からなる国である。日本の南方に位置し、面積は日本の約20倍に相当する768万 km^2、人口は約1,800万人である。

では、オーストラリアの実体経済とはどのようなものであろうか。一般には、農産物や鉱産物などの第1次産品輸出国としての外向けの顔と、第3次産業の割合が圧倒的に高いという内向きの顔という

（1）　本章のマレニーに関する記述は、筆者を含む岐阜経済大学地域通貨研究会（岐阜経済大学経済学部の鈴木誠教授を長とする）が財団法人岐阜県産業文化振興事業団・地域文化研究所の受託研究として行ったオーストラリア現地調査と、筆者独自のオーストラリア調査と分析に基づくものである。

（2）　オーストラリアは日本と同様に先進国に分類されているとはいえ、世界経済あるいはグローバル化において置かれている状況は両国では異なる。グローバル化を通して製造業の分野をアメリカの資本に、そして観光業の分野を日本の資本に領有されてしまったオーストラリアに対して、日本は高い技術力と巨額の資金を武器に海外進出ができている。

二つの顔をもった国であるといわれている。

一見理解しにくい特徴であるが、この特徴として挙げられているものを分解してみると、次のような二つの図式から成り立っていることが分かる。すなわち、まず第一に、ここには「製造業」という言葉がない。第二に、対外的には第１次産業の国なのに、それでいながら国内的には第３次産業の割合が高い産業構造だということである。

これは、一体どういう意味なのか？　なぜ、こうした特徴が生まれてきたのか？　その舞台裏を明らかにすることが、オーストラリア経済の現実を読み解くうえでの鍵となる。そこで、この謎を解くことによって、近年のオーストラリア経済の状況を浮き彫りにしてみたいと思う。

実は、こうした特徴が生まれたのはグローバル化のなかで外国資

本によってオーストラリア国内の産業連関が崩壊したからであり、リゾート開発が行われたからなのである。まず、オーストラリア国内の産業連関の崩壊ということについて論じよう。

イギリスの過剰資本のはけ口としての工業製品の販売市場、あるいは食糧、鉱物資源の供給基地として位置づけられてきたという歴史的経緯、そして現代の事情などから、「オーストラリア」という言葉からは「製造業」というイメージはなかなかわいてこないが、実は、かつてオーストラリアでも土着の製造業が発展していた時期があった。

オーストラリアがイギリスによって工業製品の販売のはけ口という地位に置かれていた間はイギリスの工業製品が溢れかえることでオーストラリアに製造業が開花する余地はなかったが、1900年以降、とりわけ世界大戦によってイギリスからの工業製品の流入が途絶えたことで、オーストラリアに製造業が開花する余地が生まれた。これを契機に、オーストラリアにも国内の鉱物資源を基盤にビクトリア州やニューサウスウェールズ州を中心にして鉄鋼業などの地場の製造業者が発達を遂げた(3)。国内の鉱物資源を利用し、それを製造業が加工するというように、製造業の開花によって国内での産業連関が確立していた。政府の保護関税などによってこの製造業はいっそう発展し、当時、オーストラリアの多くの人々の雇用を支えていたわけである。

ところが、こうした製造業が貿易の自由化、資本取引の自由化といった規制緩和、グローバル化のなかで、アメリカ、日本などの外国資本によって淘汰されていったのである(4)。

（3）　1900年ごろ、ビクトリア州はもっとも工業化が進んだ地域であり、製造業部門を保護していた（P.J. ケイン、A.G. ホプキンズ著、竹内幸雄・秋田茂訳『ジェントルマン資本主義の帝国』Ⅰ、名古屋大学出版会、1997年、173ページ参照）。

もともとオーストラリアは、その国家の成立の経緯からイギリスとの経済的な結び付きが強い国であったが[5]、当のイギリスは1973年のEEC加盟を契機にオーストラリアよりもヨーロッパとの結び付きを選択して旧英連邦諸国との関連を切り捨てていく。イギリスとの結び付きを切り捨てられたオーストラリアは、アメリカや日本などとの経済的な結び付きを強めていくのだが、こうしたなかで、貿易の自由化、資本取引の自由化、金融の自由化、公的機関の民営化などの一連のグローバル化や規制緩和が行われた[6]。

これによって、オーストラリア国内の産業連関が崩壊した。たとえば、我が国との関連でいえば、オーストラリアの鉄鉱石や石炭は、オーストラリアの製造業が淘汰された結果、オーストラリア内での産業連関に結び付けられるのではなく日本へと運ばれることになった。1981年のオーストラリアの鉄鉱石の対日輸出依存度は73%であり、日本の自動車に使われる鉄鋼材の多くがオーストラリアから輸入された鉄鉱石を原料としている。製鉄所で使用される石炭の多くも、またオーストラリア産であった[7]。

1981年のオーストラリアの石炭の対日輸出依存度は66%である。そして、こうして日本で生産された自動車はオーストラリアへ輸出された。オーストラリアの鉱業部門でも、直接投資を通じて外国資本による影響力が強まり、クイーンズランド州や西オーストラリア

表２－１　オーストラリアの直接投資受入残高と日・米・英の構成比

（単位：100万オーストラリアドル）

	直接投資残高	イギリス	アメリカ	日　本
1981年	46,786	31.2%	28.0%	8.8%
1985年	111,618	23.7%	24.0%	14.5%
1990年	266,609	19.0%	17.8%	17.9%

（出所）　Australian Bureau of Statistics より作成。

州などでの大規模開発が外国資本主導のもとで進められたのであった。直接投資はさまざまな分野にわたって行われ（**表2－1**参照）、そこからの収益が海外へと送金されていた（**図2－1**参照）。

図2－1　オーストラリアの投資収益収支

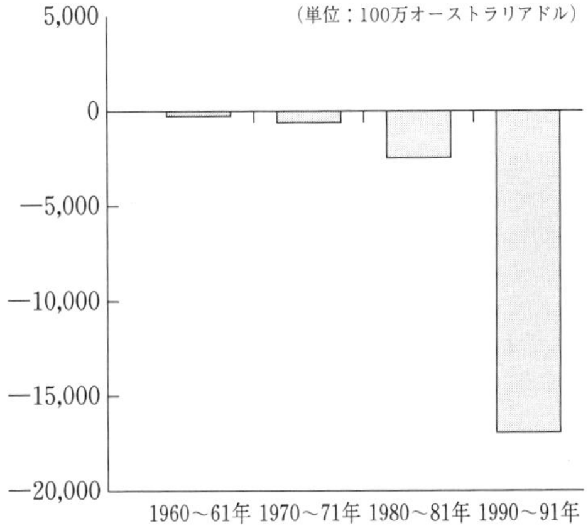

（出所）Australian Bureau of Statistics "Balance of Payments" より作成。

(4)　G. クロウ、T. ホィールライト著、都留重人監訳『オーストラリア―今や従属国家』勁草書房、1987年、を参照。オーストラリアにおける外資進出の特徴は、国内資本との結び付きが薄く、単独または圧倒的な自己の持分を保有した企業活動を行っている点である（岩崎八男『オーストラリアの経済』アジア経済研究所、1967年、参照）。

(5)　オーストラリアへの入植は、イギリスの産業革命による貧困の増大、犯罪の増大などを背景として行われた。流刑地としてのアメリカの独立に伴い、オーストラリアは新たな流刑地とされた。流刑者などを利用しながらイギリスの羊毛工業の原料供給基地となった（それまではドイツが供給していた）。イギリスの貧民、失業者をもってオーストラリアの労働力不足を補うために、1843年オーストラリア王領地払下げ法が制定され、牧羊業の発展にゴールドラッシュが加わり、オーストラリアは1870年代から1880年代にかけて高成長を遂げた。鉄道ブーム、住宅建設ブームが起こり、資材や資金は、イギリスからの輸入や借り入れによって賄われた（矢口孝次郎編『イギリス帝国経済史の研究』東洋経済新報社、参照）。

(6)　この点については、G. クロウ、T. ホィールライト著、都留重人監訳『オーストラリア―今や従属国家』勁草書房、1987年、を参照。

(7)　関根政美・鈴木雄雅・竹田いさみ・加賀爪優・諏訪康雄『概説オーストラリア史』有斐閣、1988年、9ページを参照。

このようにして、オーストラリア経済の特徴からは「製造業」という言葉は消え去り、「対外的には第1次産品輸出国だ」という図式が出てくる（**図2－2**、**図2－3**参照）。

では、残るもう一つの特徴である「国内的には第3次産業の割合が圧倒的に高い」という側面はどうだろうか。これもまた、グローバル化のなかで日本がオーストラリアを「リゾートの国」に変えたからといえる。

もともと、オーストラリアは海外から観光客を引き込むという国ではなかった。旅行収支が赤字であったことからも分かるように、国内に観光客を引き込むというよりは、むしろ逆に入植者の母国で

図2－2　オーストラリアの輸出商品構成の変化

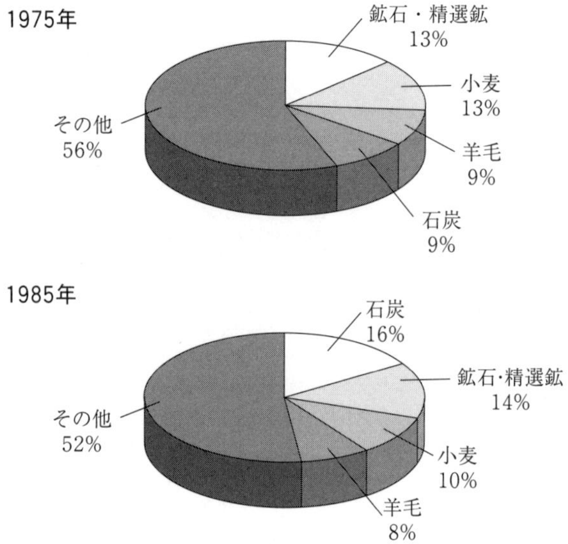

（出所）日本銀行『外国経済統計年報』各年版より作成。

あるイギリスへの旅行に代表されるように、国内から国外に旅行へ出掛けるというのがオーストラリアの伝統的なパターンであった(**表2－2**参照)。それを変えたのが日本の資本であった[8]。

図2－3　オーストラリアの貿易相手国の変化

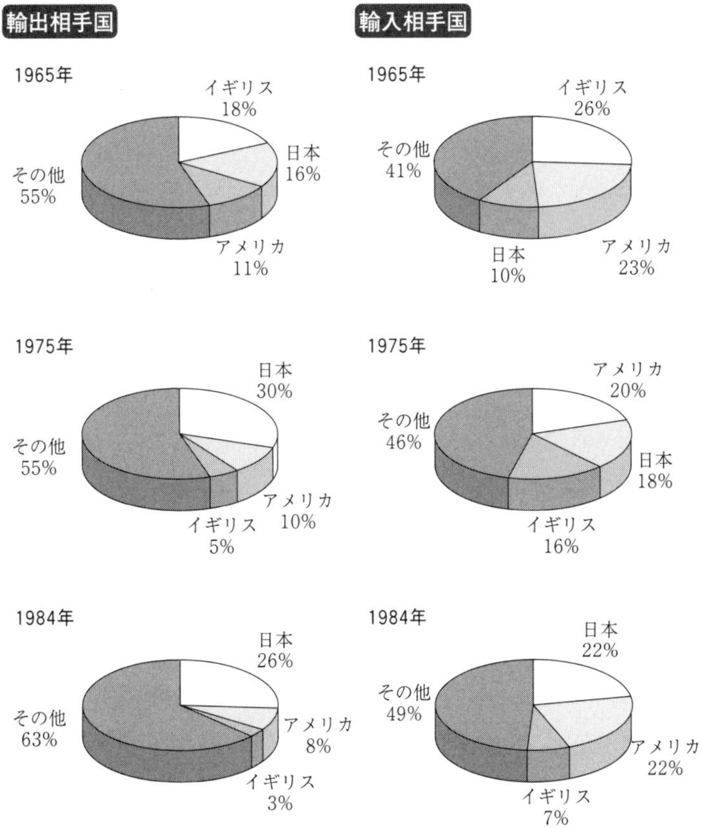

（出所）国際連合『貿易統計年鑑』より作成。

日本の資本によるオーストラリアのリゾート開発は、「日本の投資の85％は不動産、観光分野に集中し、同分野では全外国投資の７割近くを日本が占める[9]」と言われるように圧倒的なものであった。

オーストラリアのリゾート産業は海外のどこから観光客を引き入れるのかというと、これもまた日本からである。戦後日本の経済発展は、一方においては相対的な賃金上昇、国内耐久消費財需要の一巡を通じて我が国の消費者の観光需要を高めたが、他方においては、その観光需要を国内旅行から海外旅行へと向けさせる役割を果たした。経済発展による貿易黒字の定着が、外貨に関する規制の必要性を消滅させたからである。

輸出の基盤が確立せず、貿易黒字が定着しない時代においては外貨は貴重であり、国策上、外貨は海外からの生産に関する先端技術の導入などのために使われ、海外旅行のために使うことは制限されていた。その制限が1964年に一部緩和され、「観光渡航のための買い入れは１人年１回限り、500ドル以内、為替銀行限りの承認」という条件となり、1978年には無制限となった[10]。日本の海外旅行は自由化（観光渡航のための外貨の買い入れが自由化）され、日本人の旅行は国内旅行から海外旅行へ次第にシフトしていった。

表２－２　オーストラリアの旅行収支の変化

（単位：100万オーストラリアドル）

	受　取	支　払	受払超
1960年	31	－88	－57
1970年	136	－211	－75
1980年	983	－1,530	－547
1990年	5,351	－4,827	524
1995年	10,862	－6,434	4,428

（出所） Australian Bureau of Statistics, “Balance of Payments”より作成。

そして、この流れを加速させたのが、1970年代から1980年代にかけての急激かつ大幅な円高であった（**図２－４**参照）。円高は海外旅行の場合には現地の通貨との交換比率を有利にするから、国内旅行よりも海外旅行のほうがよいという選択を我が国の市民に生じさせる。これによって、宮崎県などに代表される国内の観光地が観光客の伸びを失って停滞していくことになるが（**図２－５**参照）、この流れは他方において日本からオーストラリアへの海外旅行客の増加となって現れ（**図２－６**参照）、オーストラリアにおいて観光産業、リゾート産業の一大発展をもたらした。

日本からオーストラリアへの観光客の流れをつくるために、「パ

図２－４　オーストラリアドルの対円相場

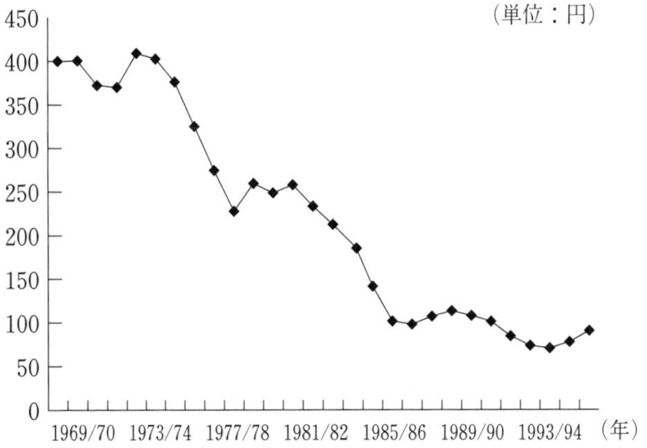

（注）数値は、年平均値。
（出所）Reserve Bank of Australia.の資料より作成。

（８）G. クロウ、T. ホィールライト著、都留重人監訳『オーストラリア―今や従属国家』勁草書房、1987年、を参照。
（９）日本経済新聞、1991年、11月18日。
（10）徳久球雄編著『環太平洋地域における国際観光』嵯峨野書院、1995年、20ページ参照。

図２－５　宮崎県の県外観光客数

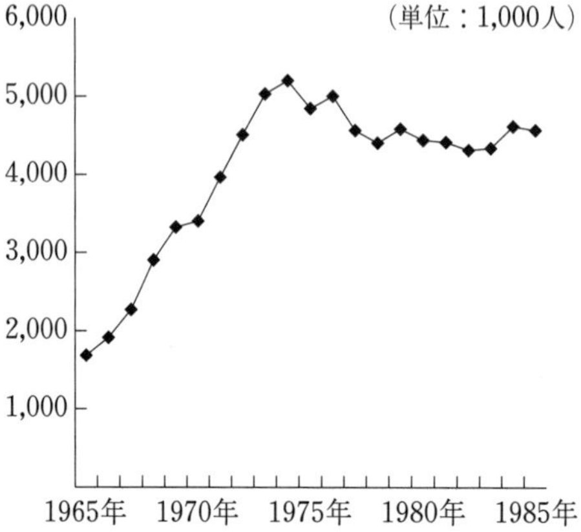

（出所）宮崎県『観光動向調査』より作成。

図２－６　日本からオーストラリアへの海外旅行者数

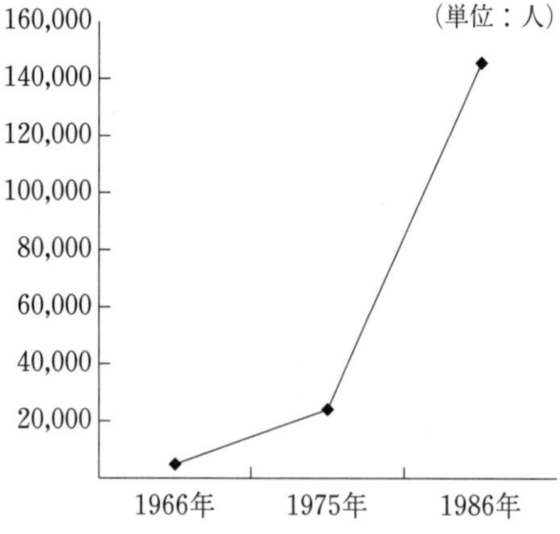

（出所）総理府『観光白書』各年版より作成。

ック旅行」という手法がとられた。これは、系列・関連の諸施設を利用させることによって日本人観光客が観光のために支出する現金を外部に漏らすことなく、すべて組織的に吸収しようとする手法であると同時に[11]、より安価に海外旅行のプランを提供することによって日本人をオーストラリア観光へと集客するものであった。

　また、リゾート開発の対象となる地域も日本人観光客を念頭において選定されている。日本から近く、美しい海岸の広がるクイーンズランド州にリゾート開発が集中している。その中心となっているのが、ゴールドコースト（Gold Coast）やそのさらに北に位置しているケアンズ（Cairns）である。

ゴールドコーストの風景

(11)　この開発には環境破壊を伴うため地元の漁業関係者の反対があったが、リゾート開発によって潤う地元の建設業界、小売業界の利害などによって後押しされ、強行されていった。

この開発によって、ゴールドコーストは日本人観光客によってオーストラリアを代表するリゾート地となった。他方、グレートバリアリーフを擁するケアンズは、ゴールドコーストの北に位置していることからゴールドコーストよりも日本からの移動に際して時間や料金の点で手軽で、日本人を集客しやすいリゾート地として追加的に開発された地域である[12]。

1986年には東京～ケアンズ～ブリスベンに直行便が就航することで合意がなされ[13]、東京から見たケアンズへの海外旅行は、料金や時間の点でも宮崎県への国内旅行と大差ないものとなった（**表２－３**参照）。

日系企業によって開花したオーストラリアのリゾート産業が、いかに日本人観光客によって成り立っているかを資料によって確認してみよう。

クイーンズランド州へ訪れる海外観光客を国別で見ると日本がもっとも多く（**図２－７**参照）、そのほとんどがゴールドコーストとケアンズ地域に集中している（**図２－８**参照）。オーストラリアでは、一般に海外からの観光というと州都に集中するというのが一般

表２－３　宮崎とオーストラリアの旅行費用と移動時間の比較

	移動時間	費用
宮崎	約２時間（空路）	約２万円～５万円
	約10時間（陸路）	
ケアンズ	約７時間	約６万円
ゴールドコースト	約９時間	約10万円

（注）　東京を出発地とした４日間の格安ツアーで、2004年10月時点のもの。宮崎への陸路での移動時間は、新幹線などの鉄道網を利用した場合の時間。
（出所）　オーストラリア観光局ホームページおよび http://www.travel.co.jp などから作成。

図2－7　国別に見たクイーンズランド州への海外観光客

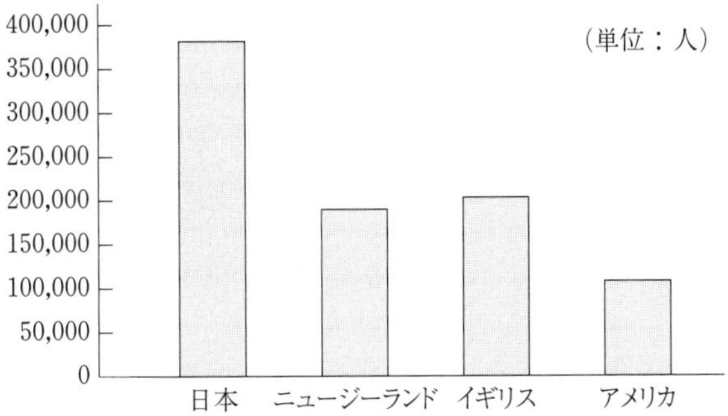

（注）数値は2004年3月。
（出所）Tourism Queensland , *International Visitor Survey* より作成。

図2－8　クイーンズランド州内の地域別日本人観光客数

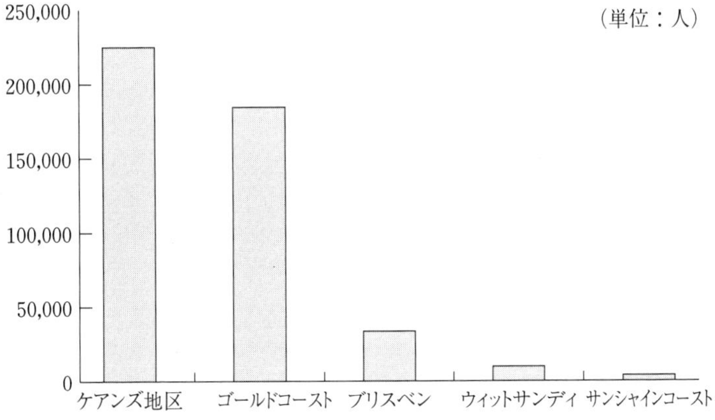

（注）数値は2003年12月のもの。
（出所）Tourism Queensland, より作成。

(12)　徳久球雄編著『環太平洋地域における国際観光』嵯峨野書院、1995年、155ページ参照。オーストラリアでの日本企業の観光開発を論じたものとしては、日経産業新聞編『リゾート“夢開発”の現場』日本経済新聞社、1989年、などがある。

(13)　日本貿易振興会『世界と日本の海外直接投資』1986年版、152ページ参照。

的な特徴であるが、クイーンズランド州の場合、州都のブリスベン（Brisbane）ではなく、日本によって開発されたゴールドコーストやケアンズ地域が台頭している（**表２－４**参照）。

オーストラリアでは、このリゾート産業の開花によって、それに

表２－４　海外旅行者が訪れるオーストラリア上位20地域

（1999年）

	地　　域	旅行者（1,000人）	%
1位	シドニー（NSW）	2275.6	55.5
2位	メルボルン（VIC）	997.7	24.4
3位	ゴールドコースト（QLD）	875.8	21.4
4位	ケアンズ地区（QLD）	755.8	18.4
5位	ブリスベン（QLD）	704.4	17.2
6位	パース（WA）	519.2	12.7
7位	アデレード（SA）	296.8	7.2
8位	ピーターマン（NT）	254.8	6.2
9位	アリス・スプリングス（NT）	211.1	5.2
10位	サンシャイン・コースト（QLD）	199.6	4.9
11位	ウィットサンディ（QLD）	197.7	4.8
12位	ノーザン・リバーズ（NSW）	182.6	4.5
13位	キャンベラ（ACT）	180.7	4.4
14位	ダーウィン（NT）	179.2	4.4
15位	ハービー・ベイ（QLD）	177.9	4.3
16位	ノーザン（QLD）	146.3	3.6
17位	フィッツロイ（QLD）	121.2	3
18位	ウエスターン（VIC）	107.7	2.6
19位	カカドゥ（NT）	98.9	2.4
20位	ハンター（NSW）	88.4	2.2

（注）　%の合計が100%を超えるが、これは旅行者が一つの地域だけでなく、複数の地域を訪れるためである。

（出所）　Bureau of Tourism Research, Australian Tourism Data Card.

連なる小売業なども含め国内の多くの雇用が支えられている。

ここから、「オーストラリアは国内的には第３次産業の割合が圧倒的に高い」という図式が出てくる（**図２－９**参照）。かくして、先に述べた図式とあわせて、冒頭の「対外的には第１次産業輸出国であり、国内的には第３次産業の割合が圧倒的に高い」という構図が完成することになる。

だが、こうした経済構造の変化によってオーストラリア市民に何が生じたのかというと、それは雇用の不安定化であった（**図２－10**参照）。一つは、多くの雇用を支えていた製造業が衰退したからである。日本との比較でいえば、オーストラリアにおいて製造業が占める雇用のシェアは日本の約半分でしかないのである。また一つには、新たな雇用吸収の場として台頭してきたリゾート産業などでの雇用の吸収のあり方がパート労働を主体としたものであったからで

図２－９　オーストラリアの産業別就業人口

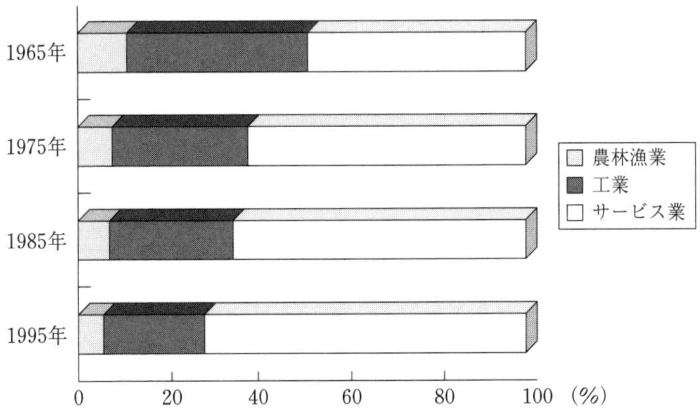

（出所）OECD , *Labour Force Statistics* , より作成。

図2－10　オーストラリアの失業率

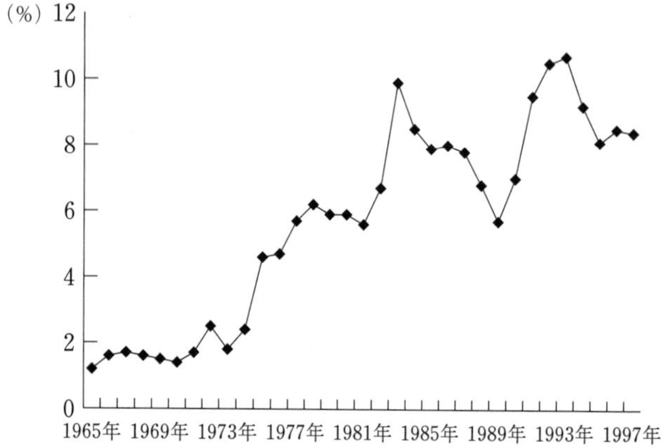

（出所）Australia Bureau of Statistics Labour Force survey のデータより作成。

図2－11　オーストラリアにおけるパート労働者の比率

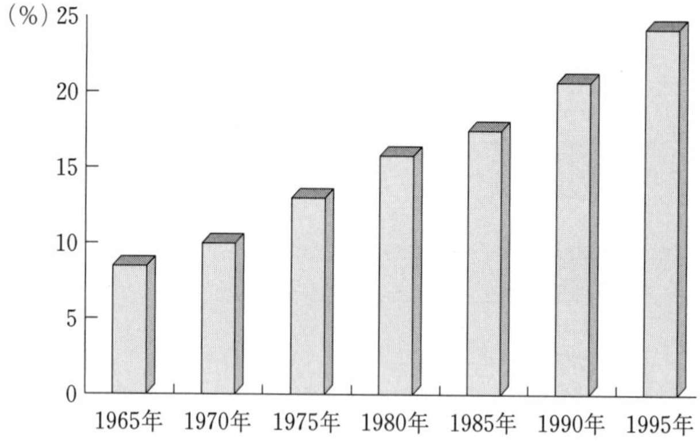

（出所）"The Labour Force , Australia" Australian Bureau of Statistics , Canberra , aunual. より作成。

ある（**図２－11**参照）。オーストラリアにおいては、たとえ観光産業が開花して雇用が創出された地域にあっても、定職をもっている人は多くはない。たとえば、観光産業の中心地であるクィーンズランド州ですら、フルタイム労働として働いている人の割合は全体の約７割であり、残りの３割をパートタイム労働者と失業者が占めているのである。

２．金融の変化――オーストラリアにおけるバブルの発生

貿易の自由化や資本取引の自由化といった規制緩和のなかで従来の融資先であった地場の製造業が外国資本によって崩壊させられたことで、オーストラリアの金融機関は貸出難に直面した。

その一方で、金融の自由化によってオーストラリアに進出してきた外国の銀行資本は、実体経済における自国資本のオーストラリアへの進出、支配を足場にして融資先を拡大し、大企業向け融資の分野でその地位を確立し始めた。金融の分野は実体経済の分野よりも自由化があとから開始されたこともあり（いわば、それまではオーストラリアにあって唯一外国資本から保護されてきた分野）、オーストラリアの大手４行による寡占体制が確立していた分野であった。それが、大企業向け融資の分野から動揺し始めたのである。

こうした状況のなかで、オーストラリアの金融機関はその打開の道を、花形産業として台頭してきた日本のリゾート産業を頂点とするリゾート開発ブームに求めていった。

とりわけ、1980年代後半以降、リゾート開発、そしてそれに伴う地価の値上がりによる不動産投機を目的として、日本から大量の資金が日本でのバブル経済の発生によって流入してきた。不動産関連の投資だけをとってみても、1989年には1984年の実に280倍の資金

がオーストラリアに流れ込んだ（**図２－12**参照）。これが、オーストラリアにおいていっそうのリゾート開発ブーム、不動産投機を生んだ[14]。

バブル経済に沸く日本からの資金の流入はオーストラリアの地価の高騰をもたらし[15]、オーストラリアの金融機関をリゾート産業への過剰融資や不動産投機へとのめり込ませた（**図２－13**参照）。貿易の自由化や資本取引の自由化といった規制緩和のなかで従来の融資先であった地場のオーストラリア企業が外国資本によって崩壊させられ、貸出難に陥っていた当時のオーストラリアの金融機関にしてみれば、リゾート開発や不動産投機に伴う融資は待望の貸出機会にほかならなかったのである[16]。つまり、オーストラリアにおける「バブル経済」の始まりである。

日本においては、先にも少し触れたように、オーストラリアなど

図２－12　日本からオーストラリアへの不動産投資の増加

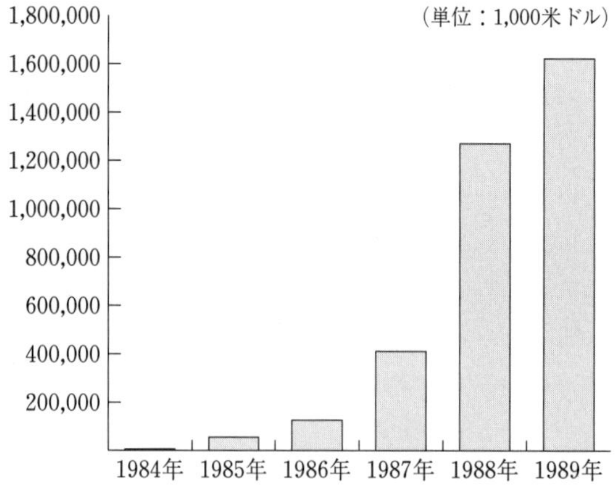

（出所）大蔵省国際金融局『大蔵省国際金融局年報』各年版より作成。

への海外旅行ブームによって国内の地方の観光地が打撃を受け、宮崎県などの観光地が地域衰退からの脱却のためにバブル期に銀行と提携してリゾート開発に乗り出し、のちにバブル経済の崩壊とともに不良債権を抱えたわけだが、その観光客を奪った側のオーストラリアにおいてもこうしてバブル経済が始まったのである。

図2—13　オーストラリアの商業用地価の推移

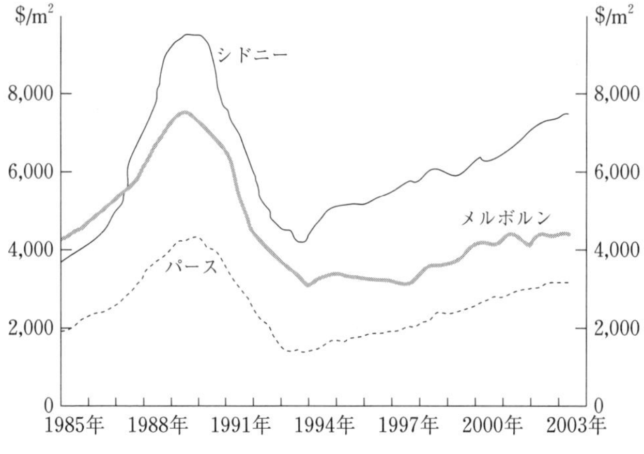

（出所）John Simon , “Three Australian Asset-price Bubbles” より転載。

(14)　日本経済新聞、1991年11月18日。なお、これにはオーストラリア国内での不動産取得と開発について自由化措置がとられ、規制が緩和されたことも要因となっている。

(15)　日本と同じように、オーストラリアでも土地価格の上昇によって市民の住宅取得が困難になるという現象が生じた（日本経済新聞、1987年10月25日、参照）。

(16)　規制緩和のなかで外国銀行が進出したり州立銀行が商業化したことは、主要銀行に無理な信用拡張を強いるものだった。

第2節 マレニーの地域経済

1．グローバル化以前のマレニーの状況——酪農の町マレニー

こうしたオーストラリア経済の変化の波が、この章の舞台となる地方の小さな町マレニーの地域経済を大きく変えていくことになるのだが、最初、マレニーがどのような町だったのかについてまず簡単に触れておこう。

グローバル化以前のマレニーは、静かな酪農の町であった。マレニーは、オーストラリアの東岸部、クイーンズランド州のブリスベンから北へ90㎞内陸に入った所にある海抜436mの山間に位置しており、「サンシャインコースト」（Sunshine Coast）と呼ばれる海岸地帯の一角に位置するカランドラ市（Caloundra）に属している。現在、町の全人口は約1万人規模になっているが、当時は800人程度であった。

マレニーの歴史はというと、1878年のイギリス人の入植にまで遡ることができる。周知のように、イギリスのオーストラリアへの入植は、軽工業を中心としたイギリスでの産業革命のなかで機械による労働力の代替を通して雇用機会を失った人々などによるものであったが、比較的初期にオーストラリアへ入植した人々は、比較的条件のよい場所を相対的に有利な条件で入手することが可能であったため牧羊業を展開することができた。そして、ドイツに代わってイギリスの羊毛工業の原料供給者として生活基盤を確立できたのである。(17)

これに対して、マレニーへの入植はやや趣きを異にしていた。財力も乏しく、また入植が遅れ、有利な条件で土地を入手できなかっ

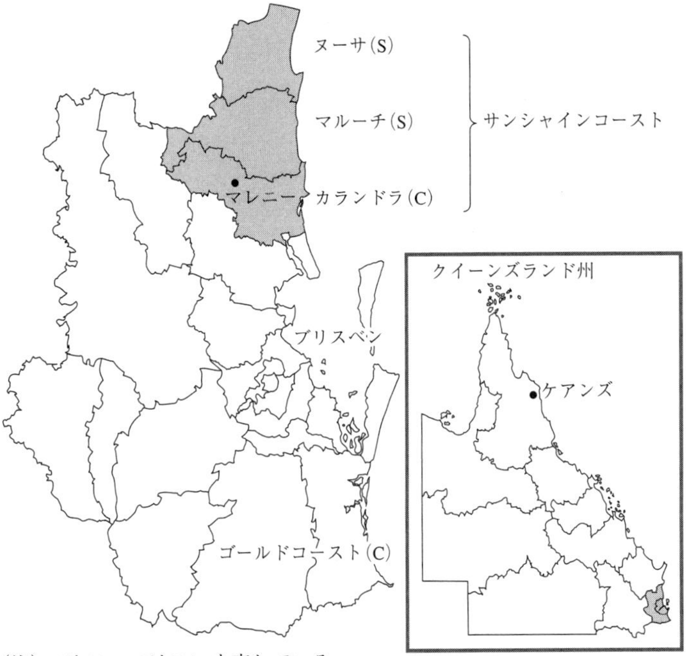

（注）CはCity、SはShireを表している。
（出所）*Community Cabinet Report May2001-Sunshine Coast*

---

(17)　1831年のイギリスの輸入原毛のうち70%がドイツであったが、1845年には早くもオーストラリアはドイツを追い越してトップに立っている（矢口孝次郎編著『イギリス帝国経済史の研究』東洋経済新報社、103ページ参照）。

(18)　オーストラリアにおいて最初に入植してきた人たち、すなわち1800年代前半ごろの移民は、イギリスで軽工業を中心とした産業革命が軌道に乗ったことを背景としていた。すなわち、機械による労働力の代替、失業に基づくものであった。これに対してマレニーへの入植は、イギリスの軽工業を中心とした産業革命が行き詰まった時代にほぼ相当する。産業革命が欧米各国においても達成され、大量生産が各国で行われるようになると世界的な過剰生産が発生し、1873年に世界は大不況に陥った。いち早く産業革命を達成し「世界の工場」となったイギリスも欧米への販路を断たれ、長期にわたり不況に悩まされた。イギリスにとってこの不況は単に循環的な不況ではなく、構造的な不況であった。この世界的な大不況は、独占資本、金融資本の成立、重化学工業化の成立契機となったが、一方では貧困や失業をもたらし、こうした事情がイギリス国内では生活できない人たちを海外移住へと駆り立てた。

た人々は生活の術がなかったので[18]、内陸部の未開の山森に分け入り、原生林を切って、それを都市部で売ることによって生計を立てるということを行った[19]。オーストラリア国内での移民の増加による都市部での住宅建材、あるいは家具などの生活用品に対する需要の高まりが木材需要を生み出したこと、これがマレニー入植の根拠であった。

主要産業である酪農業が成立するのは、こうした原生林を伐採し尽くした1900年頃である。

牛それ自体は、入植当時から牛乳、牛肉、皮などの生活必需品を提供するものとして、また林業を営むうえにおいて切り出された木材を運ぶ動力としてもともと飼育されていたものであったが、この牛を起点に酪農業が展開していった。マレニーは年間の降水量がブリスベンの２倍となる2,056mm と豊富であり、乳牛の餌となる牧

林業において使われていた木材運搬用具（車輪は木製）

（注）　ランドボロー歴史博物館にて撮影

草が豊かに育つ環境に恵まれていた。原生林の伐採によって平地となった土地、あるいは原生林を焼き払うことによってつくった土地を人々は放牧場にして酪農業を始めた。

この酪農業のいっそうの発展を支えたのは、町の共同出資によって設立された「乳製品加工工場（Maleny Co-operative Dairy Association)」であった。その主要な加工品はバターであった。なぜ、バターであったかというと、長期保存がある程度可能なので、収穫期以外の時期あるいは不作の年の蓄えともなりうるからである。

バターは都市部へと出荷され、生活に必要な小麦粉、砂糖、塩、紅茶を購入する手段とされたが[20]、出荷されたバターは国内消費だけ

マレニーで最初に設立されたバター工場

（出所） Maleny and District Centenary Committee, *Maleny 1878-1978—One Hundred Years,* November, 1978. p.27

(19)　マレニーに最初に入植したヨーロッパ人は「Ludwig　Leichhart」（ルードビッヒ・ライヒハルト）という木こりであったといわれている。木を切り倒して、生活の糧とする入植者とバニアという木の実を食べて生活していた原住民との間での争いの末、マレニーへのヨーロッパ人の入植が行われた。

でなく[21]、イギリスなどへの輸出にも向けられた[22]。イギリスはこの1900年代初めの時期、酪農業にかぎらずオーストラリアにとっての最大の輸出市場であって、全輸出額の70%を占めていた。

その後、マレニーの酪農業は順調な発展を遂げた。二つの世界大戦におけるイギリスの特需とその後の復興需要があったこと、そしてこの二つの世界大戦の間にあった世界恐慌に際して、オーストラリアに対する債権が焦げ付くのを恐れたイギリスが、オーストラリアの乳製品に対して肉、果物とともに競争相手のいない確実な地位

C O L U M N

マレニーの町づくりと地理的条件

マレニーの地域住民と会話をすると、「オーストラリアは土地が広くて企業が点在している。とりわけ、マレニーという地域は地理的にほかの周辺地域から離れているので、ここの地域の人たちは経済的に自立していないとこの地域では生きていけない。これが、マレニーでの自立的な町づくりがなされる地理的な面での背景なのだ」という話をされることがある。

しかし、このようにマレニーの地域経済の歴史をひもとくと、決してそうではないことが分かる。マレニーという町は、地理的に周辺の都市と離れてはいても、ほかの地域との関連のなかで、すなわち国内の大都市との関連はもちろんのこと、海外との関連のなかで発展してきた地域だったというその歴史が示す通り、周辺地域から地理的に離れているという事柄は自立的な街づくりとは必ずしも直結しないのである。

をイギリス市場において与えたこと、などがその背景である。[23]

マレニーの酪農業は、銀行借入によって設備投資を図り、州内で最新鋭の生産設備（年間1,000トンから1,200トンの生産能力）を有するに至った。こうして、マレニーの酪農業は1950年代に絶頂期を迎えた。酪農業はマレニーにおける最大の雇用吸収の場となり、マレニーの居住者のほとんどが酪農家として乳製品加工工場の組合員となって町の中心産業としたのであった。

2．グローバル化によってマレニーの地域経済はどう変わったか——マレニー地域経済の衰退

ところが、このマレニーの中心産業である酪農業に衰退の幕が切って落とされる（**図２－14**参照）。酪農業の没落を決定付けたものとは、まさに1970年代以降の一連のグローバル化に向けた動きであった。

1973年のイギリスのEEC（欧州経済共同体）加盟によって、イギリスという最大の農産物の輸出先を失しなっただけでなく、[24]貿易の

(20)　Maleny and District Centenary Committee, *Maleny 1878-1978—One hundred years*, November 1978. 参照。

(21)　国内消費についていえば、それはブリスベーンなどの国内の人口集積地で消費された。当時のオーストラリアはゴールドラッシュを経験したことなどを背景に人口が増加しており、食糧に対する需要が高まっていたのである。

(22)　金融恐慌の後、1900年代に入って、小麦、酪農、羊肉などのオーストラリアの食糧輸出が本格化する。鉄道の普及による、土地の開拓、輸送能力の増大がその背景である。バターの輸出を可能にした技術的な条件は、長期の輸送時間に耐え得る冷凍技術の発達である。1880年に、冷凍羊肉のイギリス向け輸出に成功している（矢口孝次郎編著『イギリス帝国経済史の研究』東洋経済新報社、119ページ参照）。冷凍技術が発達する以前はバターは長期輸送に耐えられなかったため、輸出された場合、機械の潤滑剤として使われるにとどまっていた。

(23)　P.J. ケイン、A.G. ホプキンズ著、木畑洋一・旦祐介訳『ジェントルマン資本主義の帝国』Ⅱ、名古屋大学出版会、1997年、88ページ、および井上巽『金融と帝国—イギリス帝国経済史』名古屋大学出版会、1995年、169ページ参照。

(24)　竹田いさみ・森健編『オーストラリア入門』東京大学出版会、1998年、232～233ページ参照。

自由化、資本取引の自由化によって多国籍の酪農資本のオーストラリア進出がオーストラリア内の小規模酪農家や乳製品加工工場を次々に淘汰していった。

こうしたなかで、マレニーの属するサンシャインコーストは、クイーンズランド州のなかでもその影響をもっとも強く受けることとなった（**図2－15**参照）。小規模な酪農家の多かったマレニーでは、とくに多くの酪農家が廃業に追い込まれた。没落は、まず土地を地主から借りて酪農業を営んでいた零細な酪農家から始まり、比較的大きな酪農家にも及んだ[25]。乳製品加工工場に牛乳を収めていたマレニーの酪農家の実に4分の3が壊滅し、乳製品加工工場も1970年代末には閉鎖に追い込まれていった[26]。

中心産業である酪農業の没落は、マレニーの地域経済にとっては致命的なものであった。というのも、酪農業がマレニーの地域内に

図2－14　クイーンズランド州における乳牛頭数の推移

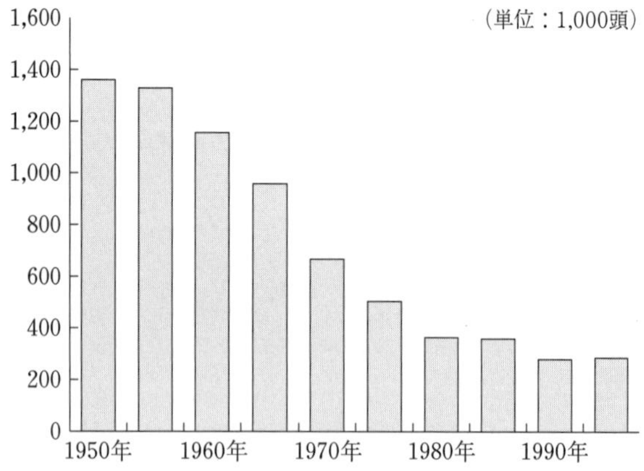

（出所）ABS , *Queensland Year Book , 1997* ; ABS , *Agriculture , Queensland , 1995-96 , Cat. no7113.3* より作成。

あるほかの多くの産業を根底において支えていたものであったからである。マレニーの地域内にあるほかの産業自体、酪農業を基盤にして初めて成り立つものであった(27)。たとえば、運送業は酪農製品を市場へ運ぶために成立したものであったし、土木産業も酪農製品を運送するうえでの道路整備の必要から成立したものであった。また、小売業や飲食業も酪農業によって発生する現金収入を基礎として成

図２—15　サンシャインコーストの就業人口に占める第１次産業のシェア

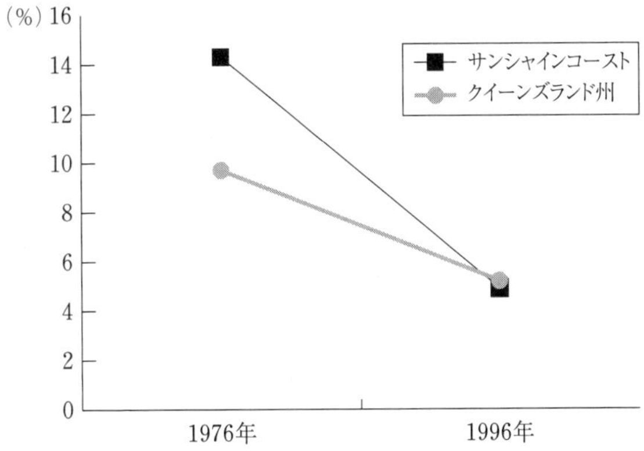

（出所）*Community Cabinet Report May 2001 - Sunshine Coast* より作成。

(25)　零細な酪農家に自分の土地を貸して酪農業を営ませていた比較的大きな酪農家は、その土地を貸していた零細な酪農家が酪農業を諦めて土地を離れたため、手間のかからない肉牛の飼育に転換するところもあった。だが、肉牛の飼育もイギリスの EEC 加盟のなかで事業として成功することはなかった。

(26)　オーストラリアでは、中規模程度の酪農の町にはバターやチーズを加工する自前の工場があり、それを地域内で売るか、海外へ輸出するというのが一般的な姿であったが、そうした加工工場はマレニーにかぎらず、次々に閉鎖あるいは合併に追い込まれ、規制緩和のなかで進出してきた外国資本が市場を支配している。

(27)　入植当時のマレニーの経済史については、Dave Hankinson, *Reminiscences of Maleny*, Maleny and District Centenary Committee, November, 1978. を参照。

COLUMN

イギリス市場の喪失と
マレニーにおける零細酪農家の没落

イギリス市場の喪失の影響は、牛乳の集荷方法の変化と生産割当制度の導入という二つを媒介項としてマレニーに伝わった。

牛乳の集荷方法の変化とは、次のようなものである。それまでの集荷方法は運送業者が酪農家から牛乳を毎朝集めに来るというものであった。ところが、その方式が大きなまとまりになった牛乳しか集めないという効率性を追求した集荷方式に変わった。つまり、少量の牛乳しか生産できない小さな酪農家がこうした集荷方法に対応しようとすれば、大きなまとまりになるまで牛乳をためておけるような冷凍機能つきの高価なタンクの購入という設備投資を行わなければならず、その資金的な余裕がない零細酪農家は廃業しなければならなくなった。

他方、生産割当制度とは、生産された牛乳のうちの一定割合を安い価格で販売しなければならないというものである。

これらは、イギリス市場の喪失という販売市場の面での競争の激化のなかで生じたものであるが、いずれも零細な酪農家の経営を直撃するものであった。

（Jan Tilden, “Our Origins as a Co-op Town:The Maleny Co-operative Dairy Association”, *Maleny Cooperatives Review,* April 1990. 参照）

立した。そして、金融機関も酪農業の発展によって支店が開設されていた(28)。

このように、すべてを酪農業に依存した町であったがゆえに、酪農業の没落は運送業、小売業、飲食業の没落を、そして地域全体の衰退をもたらしたのであった。

こうなると、何かこれに代わる主要産業の開花が期待されるところである。時はまさしく、オーストラリアにリゾート産業が新たな雇用確保の産業として台頭してきていたときであった。しかも、この日本の資本によるリゾート産業の展開はクイーンズランド州に集中していた。このクイーンズランド州というのは、まさにマレニーの属する州にほかならない。そうなると、リゾート産業の開花がマレニーの町でも期待されるところであったろう。ところが、マレニーはこのリゾート産業の開花の波に大きく立ち遅れていってしまう。リゾートという点での、マレニーの位置づけを見てみよう。

マレニーの属するカランドラ市(人口7万人)は周辺のマルーチ・シャイア(Maroochy Shire、人口12万人)やヌーサ・シャイア(Noosa Shire)(人口4万人)とともに「サンシャインコースト」と呼ばれ、クイーンズランド州における観光収入の約10%を占め、クイーンズランド州内では第4位の観光地域ではある(**図2－16**参照)。しかし、第4位とはいっても、サンシャインコースト自体、南にオーストラリア国内最大の観光地ゴールドコースト、そして北にはケアンズといった有力リゾート地があり、サンシャインコーストに来る海外観光客は決して多くはない(**図2－17**参照)。

(28)　銀行は、酪農業が充分な発展を遂げるまではマレニーでの支店開設はせず、もっぱらマレニーの外部、すなわち周辺地域に所在する支店の営業職員にマレニーまで毎月1度出向かせ、営業活動を行わせていた。酪農業が発展したことによって、初めてマレニーに最初の銀行の支店が開設された。「English-Scottish & Australian Bank」(1923年開設、1959年閉鎖)と「Union Bank」(1946年開設)がそれである。

サンシャインコーストは、リゾート地というよりは、むしろブリスベンといった州内近郊からの訪問者を受け入れる静けさの漂う避暑地としての位置づけが強い（**図２－18、図２－19**参照）。それゆえ、雇用の場がなく、失業率はクイーンズランド州南東部17行政区のなかでももっとも高くなっている[29]。

こうしたリゾート化の波に立ち遅れたサンシャインコーストのなかにあって、マレニーの属するカラン ドラ市はもっとも集客力の弱い地域である。観光関連の産業も増えてはいるが、ホテルなどの客室数はマルーチ・シャイアの３分の１と少なく（**図２－20**参照）、その稼働率も41.7％とサンシャインコーストのなかでもっとも低い（**図２－21**参照）。そのため、失業率も高い[30]（**図２－22**参照）。

マレニーはというと、こうした観光化の波に立ち遅れたカランドラ市にあっても、さらにリゾート産業への転換から大きく取り残さ

図２－16　クイーンズランド州における訪問者の総支出額の地域別構成

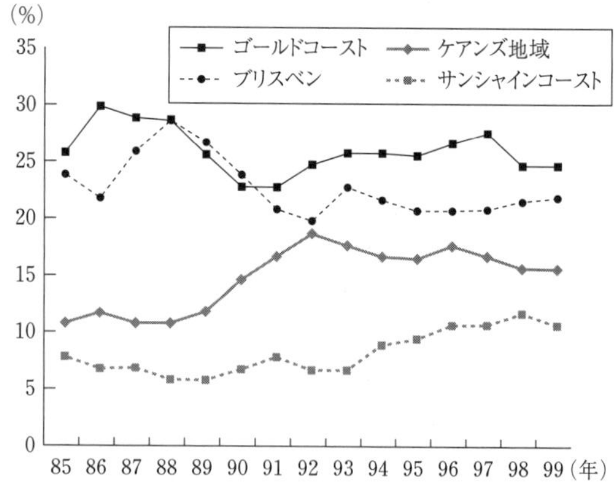

（出所）Tourism Queensland , *Sunshine Coast Regional Summary 2003* , P.39.

れた地域である。ただでさえ観光客の少ないカランドラ市の海岸であるのに、ましてそこからさらに遠く離れた山間部へと入り込まなければたどり着けないようなマレニーに観光客を呼ぶのは困難である、と大手観光資本に判断されたのであった。グラスハウスマウンテンズ（Glass House Mountains）という綺麗な山脈を一望できるスポットや、熱帯雨林の公園があるというだけでは観光客は来ないというのがマレニーの現実であって、ほかの周辺の海岸地域が観光ブームに沸くなかでマレニーは寂れ、商店の閉鎖が相次いだ。

　このようにしてマレニーは町の中心産業を失い、それに代わる産業も誕生することなく、現金収入の基盤を失った町となった。そして、生活の術がないがゆえに人々はマレニーを離れていった。

図2—17　クイーンズランド州における海外訪問者の総支出額の地域別構成

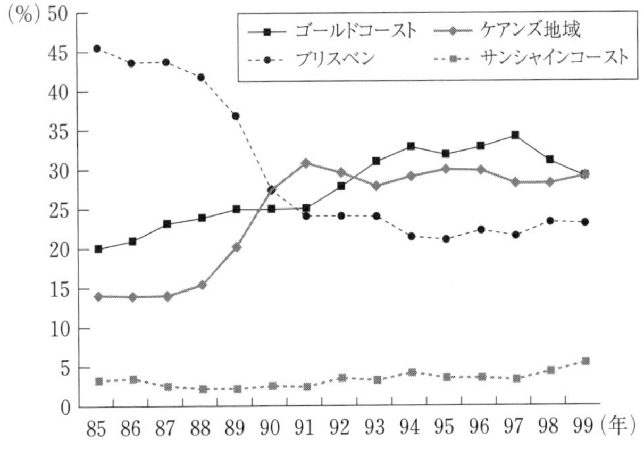

（出所）Tourism Queensland , *Sunshine Coast Regional Summary 2003* , P.42.

(29)　この点については、*Community Cabinet Report 2001—Sunshine Coast* を参照。
(30)　*Community Cabinet Report 2001—Sunshine Coast* を参照。

図２－18　サンシャインコーストへの訪問者の内訳

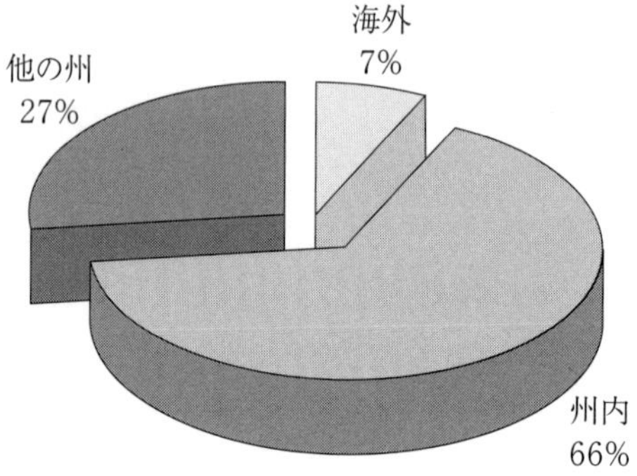

（ 注 ）数値は2002年。
（出所）Tourism Queensland , *Sunshine Coast Regional Summary 2003* , P.5.

図２－19　サンシャインコーストへの州内訪問者の内訳

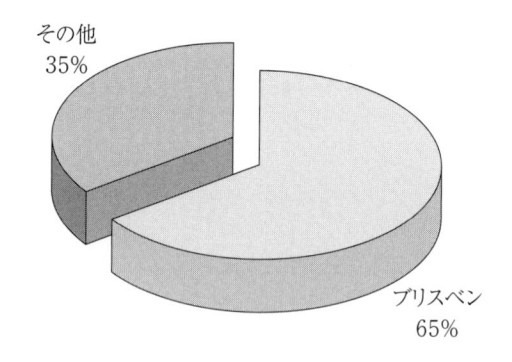

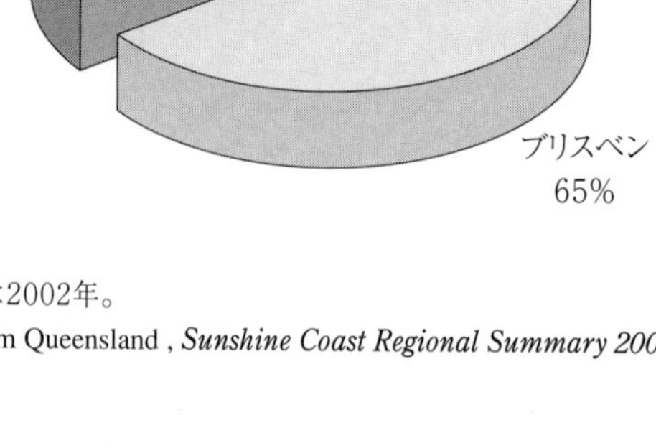

（ 注 ）数値は2002年。
（出所）Tourism Queensland , *Sunshine Coast Regional Summary 2003* , P.5.

図２－20　サンシャインコーストにおけるホテル等の客室数

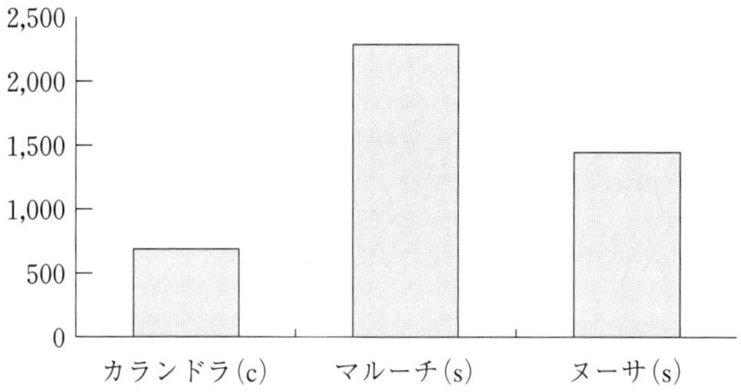

（注）数値は2000年９月。
c はcity、s は shire を表す。
（出所）Australian Bureau of Statistics , *Tourist Accommodation* , *Queensland* および *Community Cabinet Report May 2001 - Sunshine Coast* より作成。

図２－21　サンシャインコーストにおけるホテル等の客室の稼働率

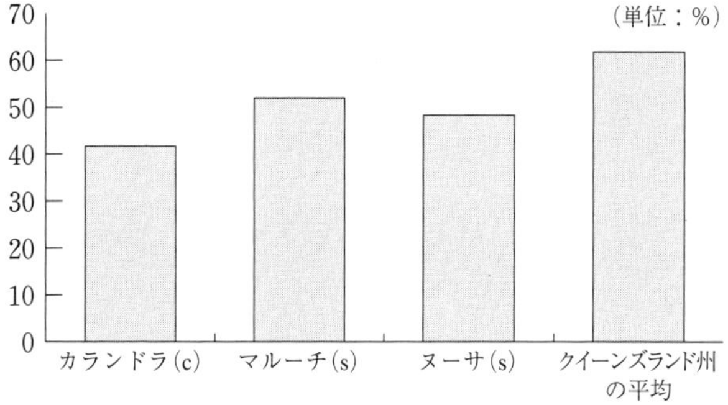

（注）数値は2000年９月。
c はcity、s は shire を表す。
（出所）Australian Bureau of Statistics , *Tourist Accommodation* , *Queensland* および *Community Cabinet Report May 2001 - Sunshine Coast* より作成。

図2－22　カランドラ市の失業率(1996年)

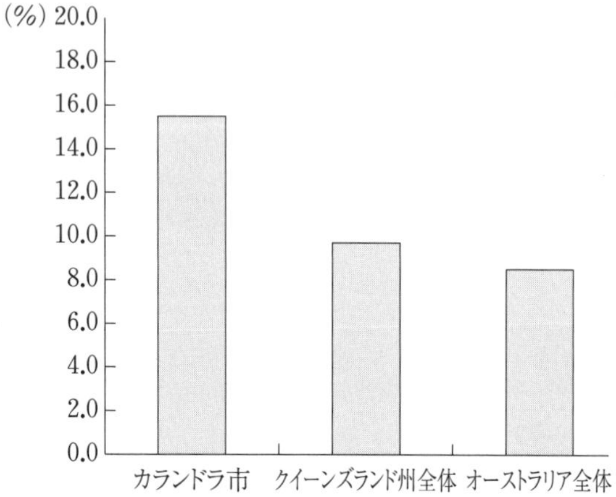

(出所) ***Community Cabinet Report May 2001 - Sunshine Coast*** より作成。

マレニー周辺の観光地　グラスハウス・マウンテンズ

第3節　地域再生に向けたマレニーの取り組み
――地域内循環と地域内連携

衰退の道をたどっていたマレニーに、1980年代頃から転機が訪れる。地域再生に向けた活動が、若い世代によって取り組まれ始めたのである。この若い世代とは、「山間に囲まれた酪農の村」というマレニーの素朴さに惹かれて都会から移住してきた人たちであった。酪農業を営んでいた小さな農家が廃業に追い込まれて地域を離れていく一方で、その空き家となった小さな酪農家の小屋に魅せられて、都会の若い世代が「都会とは違ったライフスタイル」を求めて移住してきたのである。「山間に囲まれた酪農の村」というマレニーにとっては衰退の条件であったものが、再生・発展の契機となった。

では、「死にかけた町」をどのようにして再生させていったのか。ここで、マレニーの地域再生の手法を見てみよう。

地域を再生させようとする場合、国家の補助金や企業誘致などの事例に見られるように、地域にないもの、自分たちがもっていないものを外からどうやってもってくるかという発想が一般的であるかもしれないが、マレニーの人々の発想はこれとはまったく逆であった。自分たちにないものを外からどうやってもってくるかということに腐心するのではなく、地域のなかにあるものや、地域の人々の知恵や技を使って自分たちが必要としているものをつくり上げていくというものである。衰退していても、どこの地域でも程度の差こそあれ、さまざまな資源、つまり人、物、お金はある。そんなどこにでもあるようなものをうまく活用して、マレニーの人々は自分たちの理想とする町づくりを着実にすすめ、死にかけた町を再生させていったのである。

おそらく、読者のなかには次のような疑問が生じるかもしれない。すなわち、「世界の多く人々が自分たちの住んでいる衰退した地域をよくしようと努力し、それでも失敗や挫折を繰り返しているのに、そんなどこにでもある、ごくありふれたものに着目したからといって死にかけた町を再生することなどが果たして可能なのか。あるいは、そもそも地域内にある資源に着目し、それを活用するという発想はどこの地域でも考えていることではないか。マレニーの成功の背景には、ほかに何か重要な鍵でもあったのではないか」と。

マレニーの人たちが、身近なもの、地域に存在している資源を使って自分たちの理想とする町づくりを試みることが可能になったのにはもちろん理由がある。それは、地域内で連携しながら、地域の資源を地域の発展のために活用するという地域内循環のシステムの構築である。

マレニーの地域内循環のシステムは二段構えでつくられている。すなわち、資金や人や物という三つの資源のうち、地域にある資金（貸付資本）を地域のために地域内で回し、循環させる機構として「マレニー・クレジットユニオン（Maleny & District Community Credit Union Limited）」を立ち上げ、他方、人つまり労働力やモノを地域のために地域内で回して循環させる機構として「地域通貨制度（Local Energy Transfer System : LETS《レッツ》）」という地域内交換システムを立ち上げた（**図２－33**参照）。

では、地域の資源を地域内で循環させるとはどういうことなのか？　そして、それは一体どれほどの威力を発揮しうるものだったのか？　その中核を担う「マレニー・クレジットユニオン」と「地域通貨制度」についてそれぞれ見ていこう。

図2－23　マレニーにおける資源の地域内循環の仕組み

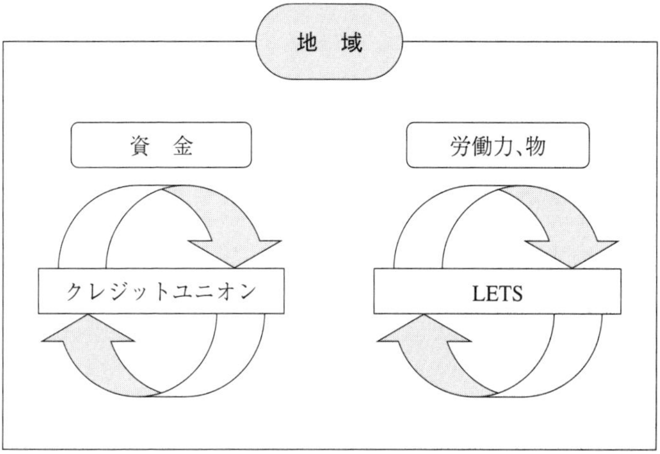

1．マレニー・クレジットユニオン
――地域住民による地域のための金融機関の設立

マレニー・クレジットユニオンの設立背景とその基本性格

マレニーの地域づくりにおいて人々が求めたもの、それは環境を保護しながら、健康によい安全なオーガニック食品を食べ、豊な文化をつくり上げていくといった「持続可能な地域社会づくり」であったが、なかでも、この若い世代の目の前に無視し得ない課題として現れたのは、地域の人たちの「生活の糧」をいかに確保するかという問題であった。マレニーに暮らす人々の希望を断ち、暗い影を投げかけていたものは、地域内には産業や雇用がなく、人として安心して生きていく術がないということであった。

当時、酪農業から遊離された人たちの受け皿となっていたのは、地域のなかにある商店、飲食店などの第３次産業であったが、その第３次産業自体もきわめて零細な個人経営でしかなかった。いうまでもなく、酪農業の没落によって発生した余剰労働力の受け皿としては狭隘すぎる。

マレニーの相当数の人たちは、失業するか、あるいは第３次産業で雇用を見いだせたとしても、その雇用形態は不安定なパートタイムであり、低賃金での雇用であった。パートタイムといっても一ヵ所で必要な生活資金を稼げるほどの職場などは存在せず、人々はいくつかの商店、飲食店で複数のパートタイム労働をしなければならなかった。また、地域で成人した若い世代に関しても、地域内で職業が見いだせないという問題も発生していた。おおよそ、地域では３分の２は職にありつけていなかった。

そこで、地域コミュニティは雇用の創出に真剣に取り組まなければならなかった。人々が生活の糧を得られるような道筋を開くことが、人々に希望の光を与えるうえにおいてまず必要であったのだ。

こうした地域の諸問題を解決するにあたって大きな障害となったのが、その実現のために必要な融資が得られないということであった。町のなかにまとまって働けるような所がない状況下では、人々は自立しなければ生きていけない。そのためには、生業としての小ビジネスを立ち上げる必要がある。こういう状況だからこそ金融機関の融資が求められる。ところが、地域のなかにあるオーストラリア屈指の大手銀行は、担保物件の有無などを理由にマレニーの人たちへの融資には応じようとしなかった。むしろ、大手銀行は、地域の預金を効率的な利潤追求という観点から地域の外に持ち出し、すでに述べたような日本の資本によってブームにわくゴールドコーストなどのリゾート地への融資に回していたのであった。

ここに、「マレニー・クレジットユニオン」設立の原動力が生まれた。地域住民一人ひとりの持っているお金はささやかではあっても、地域全体として見みれば貨幣蓄積がある。ただ、地域のお金を地域のために循環させて利用するという仕組みになっていないだけであった。地域にある貨幣を地域のために循環させること、すなわち外に流出させるのではなく、地域のなかにとどめおき、絶えず地域のなかで回すことが必要であった。そこで、アメリカでの倫理的な投資法に刺激を受けながら、マレニーの人たちは地域の貨幣を地域のために使うような金融機関、すなわち「マレニー・クレジットユニオン」を1980年代半ばに立ち上げたのだった。

マレニー・クレジットユニオンの拠って立つところは、一般の銀行のように衰退地域の人たちの願いに背を向け、地域の人たちの資金を地域外に流出させ、より高い利潤追求を図るというのではなく地域の人たちの資金を地域内に再投下し、融資の倫理性、社会性を重視しながら地域コミュニティーの成長のために融資するという仕組みにある。

まさに、この点こそ、マレニー・クレジットユニオンが地域の人々によって支持される所以である。こうした姿勢が評価され、またその評判が広がることによって、現在では、マレニー・クレジットユニオンはマレニーに住んでいないほかの地域の住民からも大きな支持を受けている。地域外の住民はマレニーに住んでいないためにマレニー・クレジットユニオンの融資対象とはそもそもなり得ないのだが、それにもかかわらず、マレニー・クレジットユニオンのこうした地域コミュニティ重視の経営姿勢に賛同し、マレニー・クレジットユニオンに預金をすすんで預けるという行動に出ている。現在では、マレニー・クレジットユニオンの総預金量の約半分がこうした地域外からの預金となっているほどである。

マレニー・クレジットユニオンの業務内容とその効果

マレニー・クレジットユニオンの総預金量は、マレニーの地域経済の規模自体が小さいこともあり、約1,200万オーストラリアドル（約10億円）である（**図２－24**参照）。金融機関の規模、すなわち量的な側面から見た場合、マレニー・クレジットユニオンは日本の市民の目から見れば小さい金融機関として映るかもしれない。しかし、その質的な側面から見るとまったく逆の構図が浮かび上がる。

マレニー・クレジットユニオンの設立は、マレニーの地域社会にとって非常に大きな意味をもった。マレニーの地域の人たちは地域の貨幣を自分たちの地域づくりのために活用することが可能になり、自分たちの社会が必要としているものをつくれるようになったからである。地域の人々が生きていくうえで欠かせない小ビジネスや、教育、文化、環境を育むための各種の協同組合がマレニー・クレジ

マレニー・クレジットユニオン

図2－24　マレニー・クレジットユニオンの預金量と貸出額の推移

（単位：1,000オーストラリアドル）

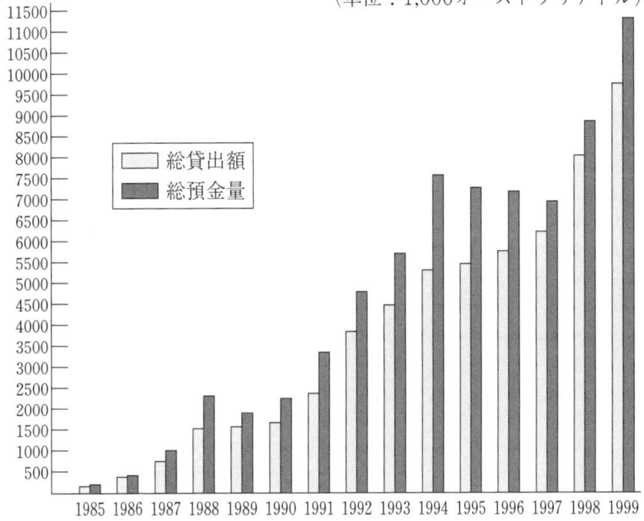

（出所）Maleny & District Community Credit Union Limited , *Annual Report 1999* , P37.

マレニー・クレジットユニオンの役員

（注）写真左から理事の Mr. Peter Pamment と広報担当の Mr. Paul Rees

ットユニオンの融資を介して次々と設立され、マレニーの人々の町づくりが大きく動き出したのである。

ここで、マレニー・クレジットユニオンの融資、利益の処分方法、意思決定の方法について詳しく見てみよう。その特徴として挙げられるのは次の４点である（**図２－25**参照）。

❶地域住民の経済的な基盤の確立のための融資を無担保で行う。

❷健康や環境の保全、福祉に携わる各種協同組合や事業への融資を低利で行う。融資の倫理性、社会性を問うことを重視し、環境を著しく害することにつながるような融資などは一切行わない。

❸預金・貸出業務によって得られた利益については、それを地域コミュニティーに還元する。

❹マレニー・クレジットユニオンの運営は地域住民が行う。

図２－25　マレニー・クレジットユニオンの預金と貸出の流れ

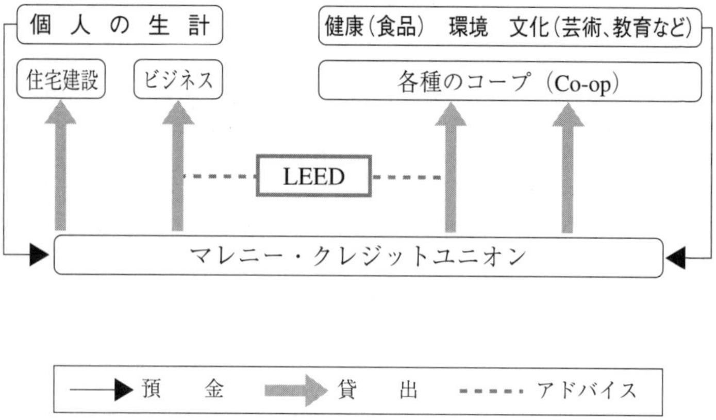

以下、個別にそれぞれ取り上げて詳しく論じていこう。

❶地域住民の経済的基盤確立のための融資——マレニー・クレジットユニオンは、マレニーの人々が生活基盤を確立できるように、小ビジネスの立ち上げのための融資を無担保で行う。一体、なぜ無担保なのか。

もともと、マレニーの人々は担保となりうる資産をそれほどもっていない人がほとんどである。しかし、だからといって融資しないというのであれば、それでは地域内に何も生まれようがない。希望も新しいビジネスも生まれはしない。むしろ、担保となりうるような資産をもっていない人たちが大部分だからこそ、そうした人々に生きる術を与えるために担保を度外視して融資する意味がある。

マレニー・クレジットユニオンを介在させながら、地域全体がある人物に小ビジネスを立ち上げられるように融資という形で支援す

マレニー・クレジットユニオンの顧客窓口

る。そして、そのチャンスをもらった人は、その儲けたお金をマレニー・クレジットに預金し、今度はほかの人が自分と同じように小ビジネスが立ち上げられるように支援を図る。地域全体でチャンスを与え合うことによって、１人また１人と生きる術《すべ》をもたせていく。こうした地道な１歩１歩の積み重ねによって、地域全体の発展を図っていこうということなのである（**コラム参照**）。

C O L U M N

オーストラリアの入植時代に見られた資金的相互援助の輪

もともと、資金を相互に融通し合い、助け合うという風習は、移民の多いオーストラリアではかつて広く見られた風習であった。移民たちは自分たちが生きていくために事業を自ら起こす必要があったが、その元手となるお金をあまり持っていないというのが通例であった。そこで、ある一人の人のために複数の人がお金を出し合って店を出せるようにしてやる。その後で、今度はこの人が儲けたお金で他の人がお店を出せるように資金提供に協力するということが行われていた。

マレニー・クレジットユニオンは、その意味ではこうした流れをくむものといってよいが、その本質的性格においては、すなわち地域コミュニティ重視、社会的・倫理的融資という点においてはこうしたかつて見られた風習とは決定的に異なっている。マレニー・クレジットユニオンは、単なる経済的弱者の間での資金的な相互支援の金融機関というのにとどまらないからである。

こうしたマレニー・クレジットユニオンの融資によって地域経済が活性化され、新しい雇用が生み出されている。１件当たりの平均的な創業資金としての融資額は、2,000オーストラリアドルから3,000オーストラリアドルである。2000年度においては14の小ビジネスがマレニー・クレジットユニオンの融資によって立ち上げられたが、そのうち12のビジネスが軌道に乗っている。その成功率は実に85％と非常に高く、オーストラリアの平均的な成功率である20％をはるかに凌いでいる。

こうした小ビジネスの成功率の高さ、マレニー・クレジットユニオンの貸し倒れの低さの背景には三つの理由がある。

一つは、ビジネスアイディアを重視し、かつ経営のサポートを行っているという点である。マレニー・クレジットユニオンは無担保で融資することを基本にしているので、融資をするか否かの判断基準は融資先がビジネスとして成り立っていけるか、自分の足で立っていけるかという点に重きが置かれることにならざるを得ない。そこで、その人が構想しているビジネスアイディアが価値あるものであるか否かを充分精査する必要が生じる。また、たとえよいアイディアをもっていたとしても、ビジネスを立ち上げた経験のない人たちが大部分であるから、どのようにビジネスを立ち上げてよいか分からないという場合も多い。そこで、市場調査、会計管理、販売・流通、運営管理、商品開発などといった、小ビジネスを初めて立ち上げる人がそのビジネスを軌道に乗せるために必要とするものについて的確な指導、助言を提供する必要が生じてくる。

これらの必要性を満たすために、マレニーでは「リード（LEED : Local Economic & Enterprise Development）」というサポート組織が設立されている。リードはビジネスアイディアとしての価値があるか否かを精査し、そしてビジネスが軌道に乗るまでサポートを行っている。マレニー・クレジットユニオンは、このリードの精査やサポートを条件に融資を行っているのである。

リードは、仕事のない人たちが事業を立ち上げようとしても商工会議所は資産のある者しか相手にしないという背景のなかで住民の手づくりで設立されたものであり、サポート先などからのサポート料で運営されている。マレニー・クレジットユニオンはこのリードと提携することによって、融資先である小ビジネスが芽を出せるように支援しているのである。

二つめは、最初から大きく事業をスタートさせるのではなく、小さい規模でスタートさせるという点である。小さく始めさせればリスクも少なくて済むし、軌道修正も容易だからである。

三つめは、マレニーという小さな地域に限定して融資を実行している点である。狭い地域なので、地域内に住んでいる人は外部の人とは異なり、たとえ貸出金利の支払いに窮したとしても元金の返済だけは行おうとするからだ。

❷健康や環境の保全、福祉に携わる各種の協同組合へ融資――マレニーの地域住民が地域に求めているものは、雇用以外にも健康や環境や福祉などがある。地域の人たちの理想とする町をつくっていくには、そうした理想と地域の現状とのギャップを埋めていくことが必要になるが、マレニーではそうした理想を現実のものとしていくためさまざまな協同組織の事業体を設立するという方法をとっている。事業として採算はとりつつも、倫理的なものを重視し、一人ひとりが意思決定に参加できるようにする組織運営である。

このように地域の人たちの欲求に基づいて各種の協同組織を立ち上げているのであるが、マレニー・クレジットユニオンはこれら協同組合に対しても融資の面で支えている。

マレニーの各協同組合は、地域の人々の欲求のなかでも基本的な欲求にかかわるものから順に設立され、次いでそれ以外の欲求にかかわるものが設立された。すなわち、前者に属するものとしては、自然食品に関する協同組織（メイプル・ストリート・コープ）、土地や環境保護に関する協同組織（クリスタル・ウォーターズ、バラング・ランドケア、ウェイストバスターズ）、住宅に関する協同組織などがある。

他方、後者に属するものとしては、芸術に関する協同組織、文化に関する協同組織（Black Possum）、福祉に関する協同組織、教育に関する協同組織（Community Learning Center）などが挙げられる。ここでは、このうち、代表的なものをいくつか取り上げることとする。

メイプル・ストリート・コープ（Maple Street Co-operative Society）

マレニーで最初に設立された、組合員5,000人を擁する自然食品のコープである。木材加工の町として生まれたというマレニーの歴史から、町の通りには木の名前にちなんだ名称のものが多いが、メイプル（かえで）ストリートに面したこのコープは人々の健康的な生活を支援するために設立されたものであり、自然食品、あるいは環境に配慮した日用雑貨、書籍などを販売している。オーガニックを原則とし、無農薬のものや遺伝子組み替え操作をしていない商品を主に販売している。

このコープを介して有機的な農産物が高い価格として評価されることによって、マレニーの農業に新たな息吹が吹き込まれ、農業の再生が果たされた。有機的な農法による農産物のほうがこのコープでは高く評価されることを知った農家は、有機的な農法の採用を始めた[31]。このことは、地域の農業を再生させるこ

メイプル・ストリート・コープ

とに役立っただけではなかった。昔からこの地域に住み、保守的な意識の強く、町づくりに懐疑的であった地元の農家の人々を、都会から移住してきて町づくりの中心を担っている若い世代へ引き寄せる大きなきっかけとなった。

マレニー・コーポラティブ・クラブ（Maleny Co-operative Club Society Limited、通称「アップ・フロント・クラブ」）

健康に配慮した食事や飲み物を、安い価格で提供する軽食堂のコープである。週に数回、夜には地元のミュージシャンの演奏も行われる。地域の音楽文化の育成とミュージシャンへの労働機会の提供という役割を果たす一方で、高齢者と若者がともに楽しみ、相互の交流を深める憩いの場となっている。

マレニ―・コーポラティブ・クラブ（アップ・フロント・クラブ）でのミュージシャンによる演奏会の様子

「預金はあまりないが、この地域のどのカフェよりも客が来る」という経営責任者の言葉通り、女性や子どもも気軽に入れる店となっている。地域の再生には何よりも地域の人々の協同の精神が必要であるが、このマレニー・コーポラティブ・クラブはそのための地域住民の相互理解を図るうえで重要な存在であり、マレニーにとって欠かせない存在になっている。

バラング・ランドケア（Barung Landcare）

入植以来、林業による原生林の伐採、あるいは酪農業に関連

(31)　これとは対照的にビクトリア州の酪農業では、規制緩和による競争激化、価格低下のなかで生き残るために大量生産の道が選択されたが、結果は失敗に終わった。牛乳が市場に溢れて価格がいっそう低下しただけでなく、土地が荒れて環境破壊につながった。

した牛の放牧地確保のための焼き払いによって破壊されたオーストラリアの原生林を蘇らせることを目的とした､組合員800人を擁する環境保護のコープである。取り組みとしては、原生林の種を温室で苗木とし、その苗木を売ることを業務としている。

この事業体の資金繰りは、基本的には、組合員１人当たりの年会費15オーストラリアドルと苗木の販売代金によって成り立っている。また、この取り組みにはボランティアで協力する人が大勢いる。したがって、このコープのもっている資金を最大限に苗木の育成に振り向けることが可能になっている。

マレニー・クレジットユニオンは、二つの側面にわたってこの事業体を支援している。一つは苗木を買い取り、この事業体の売上高の増加に貢献するという役割である。マレニー・クレジットユニオンは、買い取った苗木を世界環境デーへの支援の

バラング・ランドケアでの育苗の取り組み

ためマレニー・クレジットユニオンの組合員に無料で配ってい
る。もう一つは、補助金を与えるという役割である。

水質浄化につながるような木の育成には、地方自治体からの
補助金も出ているという。

クリスタル・ウォーターズ・パーマカルチャー・ビレッジ（Crystal Waters Co-op）

世界初のパーマカルチャーを基盤とするコミュニティ・ビレッジである。クリスタル・ウォーターズは、自然とともにその調和のなかで生きていくことを実践するエコハウスとパーマカルチャーを学びに来る人々を受け入れる施設からなっている。持続可能な社会をつくるという精神のもとに豊かな自然がそのままに再生産され、文明のなかで人々が見失ってしまったこう

クリスタル・ウォーターズでの鴨を使った有機畑作

したものを見つめ直すのに大きく貢献している。生産活動も大切ではあるが、環境破壊を招くような生産や生活の様式を続けるということは、子孫から良好な環境を自分たちが奪うことを意味する[32]。子孫に良好な環境を残していくことが重要なのである。

他面において、結果としてこうしたマレニーのパーマカルチャーはマレニーの地域経済を潤すのに役立っている。アメリカ、ヨーロッパ、日本などの海外諸国やオーストラリア国内からの観光需要がマレニーに生じている。いうまでもなく、ここでいう「観光需要」とは、日本の観光資本などがオーストラリアの「パック旅行」という形で提示しているような意味での観光、すなわちゴルフ、リゾートホテルという意味での観光ではない。マレニーは、先に述べたようにこうした日本の観光資本を頂点とする観光産業から見捨てられた地域であるが、いまや環境保護あるいは自然と共存する生活様式を学ぼうとする、あるいはそれに触れようとする学習的な意味での観光需要を自力で呼び込むことに成功している。

マレニー・ウェイストバスターズ（Maleny Wastebusters）

リサイクルとごみ収集のために設立されたコープである。このコープは、家庭や事業所から出る廃棄物を有料で回収することからその業務が始まっている。回収される廃棄物は、大きく二つに分類される。

一つは、リサイクルに回されるものである。ダンボール、プラスチック、鉄、非鉄金属、家庭電化製品などがそれにあたる。人々はこれらを、１ドル支払ってこのコープに回収してもらう。

コープは、これらに修理を施すなどしてリサイクルに回すことになる。また、銅などは政府が買い取っている。

もう一つは、リサイクルできないゴミとして扱われるものである。これらは、その量にかかわらず２ドルで回収される。このコープの収益は50万ドルに上っており、同時にこの仕事にかかわる地域の雇用も生んでいる。

他面において、このコープの活動は地元の高齢者の世代を移住してきた若い世代による町づくり活動に理解を示させ、参加させる契機となった。実は、この高齢者の世代というのは第２次世界大戦を経験している世代であって、戦争体験のなかでモノを大切にしなければならないという思いを深めた世代である。モノを粗末に扱い、大量に廃棄するという風潮が蔓延するなかで、このコープのリサイクル活動が高齢者世代の共感を生み、高齢者世代を町づくりに参加させることとなった。

以上が協同組合への融資であるが、マレニー・クレジットユニオンが環境面で地域に貢献するのは融資の面ばかりではない。事務経費の面でも環境に配慮した活動を行っている。マレニー・クレジットユニオンが事務処理の際に用いる紙は、その節約が常に意識されているだけでなく、すべてリサイクル紙である。さらに、紙の使用にあたっては使用した分の50％に相当する金額を、森林資源の再生に取り組んでいるバラング・ランドケアに寄付する仕組みになっている。この寄付金は「エコ・タックス」と命名され、森林資源の再生のための資金としてバラング・ランドケアで用いられることになる。

(32)　S. シュミットハイニー＋F.J.L ゾラキン＋世界環境経済人協議会著、天野明弘＋加藤秀樹監修、環境と金融に関する研究会訳『金融市場と地球環境—持続可能な発展のためのファイナンス革命—』ダイヤモンド社、1997年、33ページ参照。

また、節電はもちろんのことであるが、マレニー・クレジットユニオンの建物自体がリサイクルで造られたものであり、雨水が飲料水として利用されている。事務用品の購入なども価格差が10%以内であれば、地域から商品やリサイクル品を購入している。これは地域の産業を支援するという意味合いもあるが、運送にかかるエネルギー消費、大気汚染などを防ぐためである。

❸利益の地域コミュニティーへの還元――マレニー・クレジットユニオンがその業務によって獲得した利益の一部（10%）はコミュニティへ寄付され、地域のために使われている。これによって、これまでのところ市民プールの建設、学校設備の充実が行われるとともに、事故、火事や災害で被害を受けた人を助けるための基金などがつくられている[33]。

❹住民意思によるマレニー・クレジットユニオンの運営――マレニー・クレジットユニオンは地域の人たちが手づくりでつくった協同組織の金融機関であるから、その運営は地域住民の意思に基づいて行われる。すべての組合員が意思決定機関である総会への参加資格を有し、１人１票制において投票権が与えられている。

また、マレニー・クレジットユニオンでは、その理念的、民主的な経営を実現するためにオンブズマン制度も設けているが、それだけではなく、組合員、事務職員、理事といった各階層に幅広くアンケートを実施し、日頃からその運営改善に努めている。このアンケートの内容は、以下の四つからなっている。

①マレニー・クレジットユニオンが倫理的、環境保護的、地域コミュニティー支援的な経営をしているかというその理念に関する質問事項。

②業務が効果的に行われているか、利子率は適正かということに関する質問事項。
③マレニー・クレジットユニオンの理事、職員は、その責務を果たしているかという自己評価、他者評価に関する事項。
④マレニー・クレジットユニオンが職員にとってその健全な人間的な発展を育む場所になっているかという質問事項。

すなわち、経営理念の達成、円滑な労使関係、健全な人間発展の実現を常に目指そうとする趣旨のアンケートである。このアンケート結果は、マレニー・クレジットユニオンの決算報告書を盛り込んだ年次報告書において地域住民に公表されることになっている。

2．マレニー地域通貨制度（Local Energy Transfer System）

では、次にマレニーにおける地域内循環システムの残る一翼を担うマレニーの地域通貨制度（マレニー LETS）に論点を移そう。

マレニーに地域通貨制度は、マレニー・クレジットユニオンの創設後の1987年にマレニ―・クレジットユニオンを補う形で設立された。地域通貨とは、その地域でのみ通用する通貨のことである。とりわけ、女性や高齢者にとっての地域通貨の意義は大きく、「自分たちは地域通貨のお陰で生きてこられた」と彼らに言わしめているほどである。

マレニーの地域通貨制度については次の三つの論点を明らかにしたうえ、以下において詳しく論じていくことにする。

❶貨幣という一般的に通用するものがあるにもかかわらず、なぜ特

(33)　この地域への利益の還元は、文字通り、マレニー・クレジットユニオンの組合員にかぎるものではなく、地域全体が対象となる。

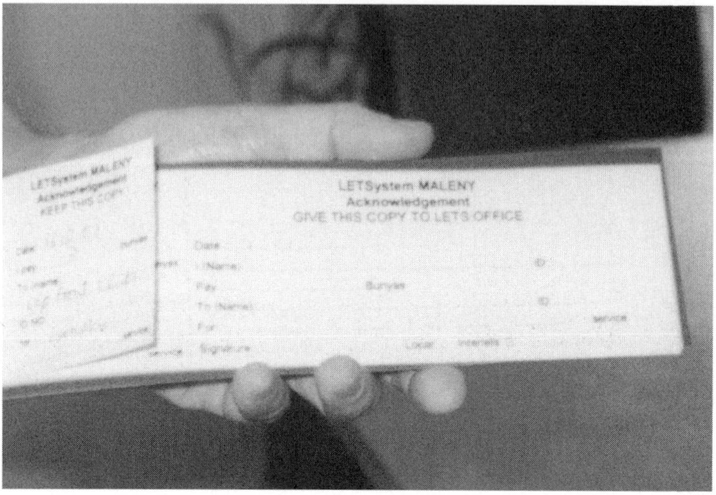

マレニーの地域通貨

定の地域でしか通用しないような地域通貨を発行する必要があったのか、またその背景とは何かという点。

❷マレニーの地域通貨制度とはどのような仕組みになっているのかという点。

❸地域通貨がどのような役割を果たしているのかという点。

なぜ、地域通貨が必要とされたのか

一般的に広く通用する貨幣があるにもかかわらず、なぜ地域内でしか通用しないような地域通貨を制度として立ち上げなければならなかったのか。その理由は、貨幣制度がその内部に含んでいる問題点と関連している。そのためには、まず「貨幣」とは一体何かということを考えてみなければならない。

「貨幣とは何か？」と問われれば、おそらく「何でも買えるもの」、

「物の価値を計るもの」、「富を蓄えるために使うもの」という答え方が一般的であろう。すなわち、「貨幣とは価値尺度、流通手段、価値保蔵手段の機能を営むものである」という定義である。イギリスの有名な経済学者J.S.ミル（John Stuart Mill, 1806～1873）もおおよそこうした定義をしているし、我が国の日本銀行もそうである[34]。こうした「通説」ともいえる定義の仕方を分析してみると、その核心は流通手段、価値尺度、価値保蔵手段といった貨幣の諸機能の羅列をもって貨幣を定義するというその方法論にある。

一見もっともらしく見える貨幣の本質規定の方法であるが、だが貨幣の諸機能を羅列するというこの方法は明らかに不充分である。というのも、たとえば貨幣を「何でも買えるもの、何でも手に入れることができるもの」として定義したとしても、ではなぜ貨幣はそもそもそうした力をもちうるのか、言い換えれば「何でも買える」ということのもっている意味とは何かという問題には答えていないからである。つまり、貨幣の諸機能を成り立たせている貨幣の基本的性格とは何かという問題が解明されていないのである。

よく考えてみると、貨幣の諸機能すなわち「物の価値を計るもの」、「何でも買える、何でも手に入れられるもの」、「富を蓄えるために使うもの」といった価値尺度、流通手段、価値保蔵手段というものは、貨幣が商品流通のなかでのさまざまな場面で一時的にまとっては脱ぎ捨てるだけの姿、衣装にすぎないことが分かる。

たとえば、商店に買い物に行ったとしよう。まず商品を見ると、値段が貼ってある。この場面では、貨幣は「モノの価値を計る」という価値尺度の姿をまとっている。その商品を欲しいと思って買ったとすれば、貨幣は価値尺度という衣装を脱ぎ捨てて「何でも手に

(34)　J・S・ミル著、戸田正雄訳『ミル経済学原理』第3篇、春秋社、1947年、86～95ページ、および日本銀行調査局『わが国の金融制度』1979年、92ページ、参照。

入れることができる」という流通手段へと姿、衣装を変える。だが、そこで買うのをやめて家に帰れば、貨幣は「富を蓄える」という価値保蔵手段の姿をとるのである。

このように、価値尺度、流通手段、価値保蔵手段といわれるものは、実は商品流通のさまざまな局面において貨幣がまとっては脱ぎ捨てるだけの単なる一時的な姿、衣装のことにすぎない。

これは、同じ１人の人間が場面に応じていろいろな違った顔を見せるのとちょうど同じである。職場という場面に置かれればサラリーマンという姿をまとうが、ひとたび家庭に帰れば父親という姿をまとったり、あるいは夫という姿をまとったりする。同じ１人の人間がサラリーマン、父親、夫というようにさまざまに姿を変えるが、これらもまたさまざまな場面のなかでその人が他者との関係においてまとう一時的な姿である。

このようなさまざまな局面のなかで他者などとの関係において「あるもの」がまとう一時的な姿、衣装のことを、論理学では本質や実体と区別して「形態規定性」という[35]。

形態規定性と本質とは、相対的に区別されなければならない問題である。本質とは、それを取り去ってしまえば、そのモノがそのモノとしてとどまり得なくなるような核心的、基本的性格のことをいう。これに対して形態規定性とは、そのモノの核心的な性格とは違って他者などとの関連のなかで受け取る一時的な姿、衣装のことにすぎない。それゆえ、その衣装がなくなったとしてもそのモノはそのモノとしてあり続けることが可能である。

たとえば、サラリーマン、父親、夫という姿や衣装、すなわち形態規定性がなくなったとしてもその人がその人であることに何ら変わりがないように、貨幣もまた商品流通のなかで価値尺度、流通手段、価値保蔵手段へとたとえ姿をどのように変えたとしても、貨幣であることに何ら変わりはないのである。

このように、形態規定性とは他者などとの関連のなかでまとっては、脱ぎ捨てるだけの一時的な姿、衣装に過ぎないから、そうした一時的な姿、衣装だけを貨幣の定義に際していくら羅列してみたところで、所詮、脱ぎ捨てられるだけの一時的な姿、衣装が把握されるだけであり、その内部に潜む本質に迫ることはできない。「貨幣とは何か」という問いに対して貨幣の諸機能を羅列するという方法の不充分さは、まさにこの点にある。

したがって、貨幣の本質を解明するには、価値尺度、流通手段、価値保蔵手段という形態規定性の羅列ではなく、むしろ逆に商品流通のなかで価値尺度、流通手段、価値保蔵手段というようにさまざまにその姿を変えつつも、その根底にあって常に変わらない貨幣の基本的性格を明らかにしなければならない。価値尺度、流通手段、価値保蔵手段という貨幣の諸機能はこの貨幣の基本的性格、すなわち本質から発生する能力である。それゆえ、この基本的性格を明らかにすることなしに、貨幣を「何でも買えるもの、何でも手に入れられるもの」と定義してみても、それは「貨幣さえあれば何でも手に入れることができる」という我々が日々経験している表面的な現象をただなぞったことにしかならないのである。

そこで、多くの人たちにとってもっとも定着していると思われる流通手段としての貨幣の機能を手がかりにしながら、その本質に迫ってみよう。

まず、はっきりしていることは、「何でも手に入れることができる」という貨幣の力は、貨幣の役割を担うものの素材的な性質から

(35)　Georg Wilhelm Friedrich Hegel, *Enzyklopädie der philosophischen Wissenchaften im Grundrisse (1830)*, Erster Teil, *Die Wissenschaft der Logik,* Mit den mündlichen Zusätzen, *G.W.F. Hegel Werke 8,* Suhrkamp Verlag, Frankfurt am Main, 1970.　ヘーゲル著、松村一人訳『小論理学』上下巻、岩波書店、1951～1952年、参照。

生じているわけではないということである。それは、貝殻、金、紙といった具合に、貨幣がその素材的な姿を歴史上次々と変えてきたことからも容易に分かる。貨幣の本質は、貨幣の素材的性格とは無関係である。

では、貨幣の本質とは何か。それは、商品生産社会における私的労働の社会的性格を表すものにほかならない。簡単にいえば、商品生産社会において社会のために、すなわち社会が必要としている需要を満たすためにその人が労働したということを証明する印にほかならない。

商品生産社会とは、個々人の労働が私的に行われながらも社会的分業が行われている社会である。個々人の労働が私的に行われるとはいえ、社会的な分業が行われている以上、社会のために労働した人はその人が必要とするモノを社会のなかから自由に受け取れるシステムが必要である[36]。そこで、この商品生産社会においては社会のために労働した人には、貨幣という名の「社会のために労働したという証明書」が与えられる。この人は社会のために働いたのだから、その人が働いた分だけ社会のなかから自分の必要とするものならどんなものでも社会の総生産物のなかから受け取れる資格が与えられるということなのである。

つまり、「何でも買える」という貨幣の力の意味とは、その人が社会のために働いたということ、そしてそれだからこそ自分の必要とするどんなモノでも社会のなかから受け取ってよいということにあるのである。したがって、貨幣そのものに「貴重さ」があるというよりは、むしろ人々が行った社会的労働にこそ「貴重さ」があるのである。

こうした私的労働の社会的性格が貨幣の本質である。この基本的性格こそ、貨幣が価値尺度、流通手段、価値保蔵手段へと次々に姿を変えつつも、根底にあって常に変わらない性格である。貨幣の本質がこうであるから、貨幣は上述したようなさまざまな機能を商品流通の過程のなかで営むことができるのである。まず、価値尺度においては、その商品生産にどれだけの社会的労働をその人が行ったかを貨幣量という形で事前に表示するという役割を果たす。流通手段においては、商品の売り手にはその人が社会のために労働したことを証明する印を与えるという役割を、そして商品の買い手には社会の総生産物のうちから自分の必要とするモノを手に入れさせるという役割を果たす。価値保蔵手段においては、自分の欲するモノを取得するという権利を将来のために留保するという役割を果たすのである。

このように、貨幣制度とは、個々人が社会のために労働をした結果として初めて社会の総生産物のなかから自分の必要としているものを受け取ることが許される制度である。社会のために労働するということ、社会的な役割を果たすということが生きていくうえでは必要である。

だが、逆に言うと、貨幣制度においては労働という面での社会のなかでの役割、すなわち労働の社会的役割を失った人は、社会のために労働していない以上、自分が生活のために必要とするモノを社会から受け取ることができず、生きていくことが困難になる。つまり、健康上の理由、雇用機会の喪失という理由などでどうしても働くことが困難であるという人などがそうである。

では、そうなったときにそうした人々を地域社会の助け合いのなかで救っていけるのかというと、必ずしもそうではない。その理由

(36)　生産関係において、人々が置かれている諸関係が交換や分配のあり方を規定するものである。それゆえ、貨幣は商品生産社会という生産関係の現れとして定義されなければならない。したがって、貨幣を交換過程に即して、すなわち交換の困難を取り除くために外から導入された単なる手段として定義してはならない。

もまた、貨幣の性格と関連している。

貨幣とは、個々人の私的労働、すなわち個々人の孤立を前提にしている。したがって、貨幣は、その歴史を辿ってみると明らかになるように、地域の共同体的な性格を破壊しながら流通範囲を広げ、そのことによって「どこの地域でも通用する」という性格を身に着けてきた。「どこの地域でも通用する」として誰もが貨幣の長所である「光」として考えている性格は、国家の強制通用力以前の歴史的事実として、地域の共同体的な性格を破壊することによって生まれてきたものなのである。

マレニーにおいても、こうした問題を抱えていた。いくらマレニー・クレジットユニオンが多くの人々に生きる術《すべ》を与えたとはいっても、その貨幣の貸付はあくまでもビジネスアイディアをもってはいるがそれを実行に移すだけの融資が得られないという人を対象にしているので、マレニー・クレジットユニオンの救いの手からどうしても抜け落ちてしまう人々が出てくる。

そこで、こうした貨幣の問題点に対処するために地域通貨制度を立ち上げたのである。

マレニーの地域通貨制度の基本的な仕組み

マレニーはオーストラリアにおいて最初に地域通貨を導入した地域であり、またもっともしっかりした運営がなされていると評される地域でもある。マレニーの地域通貨制度には、全体で1,200人ほどが参加している。

その基本的な仕組みはきわめてシンプルで、地域の個々人が「自分が他人に提供できるモノやサービス」などを自由にリストアップし、自分が他人に提供できるモノ、あるいは他人から提供してほしいモノを、地域通貨を媒介として地域の人々が交換し合うというも

のである。(37)

この地域通貨は、各種の協同組合の商店などでの購入に用いることも可能である。もちろん、地域外から原材料をもってきて生産し、店で販売しているという商品もあるので、代金のすべてを地域通貨で支払うことができない場合もあるが、その場合は代金の一部を地域通貨で支払うということになる。

このマレニーLETSの地域通貨には、「バニア（Bunya）」という木の実にちなんだ名称が与えられている。「１バニア＝１オーストラリアドル」というのがおおよその目安である。一般商店での購入に対応するため、こうした目安が想定されている。

もっとも、この目安は必ずしも一元的というわけではない。マレニーのLETSは、一般の商店ではなく、個人間の労働の交換において用いられる際には、労働の質には関係なく、単純に労働時間に基づいて当事者間で交換関係が決定される場合がある。経済学の理論からいえば、労働の質的な差異などをウエイト付けした労働時間に基づいて量的な交換比率が決定されるというのが常識的であろうが、マレニーLETSの場合、平等という観点などから、医者のような特殊な知識を必要とする労働であっても、一般的な単純労働であっても同じ労働として見なされることがある。

マレニーの地域通貨は、紙幣という形式はとっていない。各個人が切り離し可能な、１冊の冊子を持っていて、購入時に、その冊子のなかの用紙に金額や取引の当事者双方の氏名などの必要事項を記入し、その用紙を切り取って支払い相手に渡す。そして、この用紙がのちにLETS事務局に持ち込まれる。LETS事務局には各個人の

(37)　毎月、マレニーLETSのメンバーには、他人に提供できるサービスと受けたいサービスに関する地域内の需要と供給をまとめた新しいリストと各自の口座勘定が各メンバーに配布される。

マレニーにおける地域通貨の支払い風景
（注）マレニー・コーポラティブ・クラブ（アップ・フロント・クラブ）での食事代を地域通貨で支払うために、必要事項を記入しているマレニーLETS のメンバー。

地域通貨に関する口座が開設されていて、事務局は持ち込まれた用紙の記載事項に基づいてこれを決済する。つまり、購入者側の地域通貨残高は減らされ、販売者側の残高は増やされるということになる。もちろん、購入者は自分の地域通貨の残高を超えて財やサービスを購入することも許されている。

口座の残高を超えて使った場合、債務にあたる部分には利息がかからないばかりか、その返済の義務を必ずしも負う必要がない。マレニーでは、その個々人ができうるかぎりのことをやってくれさえしたのなら、結果においていくら残高がマイナスになっても構わないというルールである。

マレニーの地域通貨制度の役割

では、マレニーの地域通貨はどのような効果を発揮しているのであろうか。次に見てみよう。

❶労働機会の提供――マレニーの地域通貨は、まず低所得層を形成する人たちに労働の機会、所得の獲得機会を提供している。低所得層を形成する人たちは労働する能力をもっていないわけではなく、さまざまな理由で労働の機会が制約されている場合が多い。とりわけ、女性は不利な立場に置かれている。オーストラリアの女性の就労先は一般的な傾向として小売業、ホテル、レストランなどの観光関連産業が多くなってきているが、マレニーはこの観光化の流れに立ち遅れた地域であったので、女性労働力を吸収することができなかった。それゆえ、所得が低くて生活できない女性が多いのである。

こうしたなかで、地域通貨は地域内で生じる労働に対する需要を地域内の人に流すうえで重要な役割を演じている。地域内でしか使えない通貨のため、それを所持している人は、この通貨を使おうと思えば地域内の人に対して行使することになる。低所得者などのオーストラリアドルの取得から排除されている人たち同士の間での労働機会の相互提供としてであれ、比較的所得の安定している人々からの低所得層への労働機会の提供としてであれ、地域通貨はマレニーという小さな地域内においてではあるが、マレニー地域において社会的な労働をしたわけであるから、働いた人には地域通貨という貨幣が与えられる。そして、この地域通貨という貨幣を手にした人は、マレニーという社会のために労働した以上、マレニーという社会から自分が必要とするものを入手することができる。マレニーでは、土地を買い、家を建てるということを地域通貨だけで成し遂げた人もいる。

❷社会福祉――病気、高齢などの理由で働くことがそもそも困難な

人々の場合、自己の労働能力を発揮することには制限が伴うが、地域通貨はこうした人たちにも生活の術《すべ》を与えている。マレニーの地域通貨は、口座残高を気にせずにいくらでも地域通貨を振り出すことが可能であり、また返済の義務もないので、他人の助けを必要としている人は、自分の必要としているサービスを必要としている分だけ地域の人たちから地域通貨を使って受け取ることができる。

マレニーの地域通貨が紙幣形式をとっていないのは、実はこうした事情に配慮したものである。冊子という形式であれば本当に困っているときにいつでも振り出せるが、紙幣形式であるとどうしても制限を生んでしまうからである。これは、本来の貨幣制度とはまったく異なる性格である。健康上の理由などで働けない人々が必要とするものを地域全体から支給し、彼らを地域全体で支えるという仕組みである。

マレニーの高齢者や女性たちが、「自分たちは LETS のお陰で今まで生きてこられた」と言っているのは、これらの理由からである。こうした人々に安心して暮らしてもらおうということであり、経済的に弱い立場にある人たちを地域全体で包み込むという地域の豊かな精神的な思いやりの輪が地域通貨によって紡がれている。

近年のオーストラリアでは、福祉が切り捨てられる傾向にある。外国資本の誘致によって産業の振興を図らなければならなくなっているから、州なども含め、税制上の有利な条件を外国資本に提示することによって外国資本の誘致競争が展開されている。しかし、こうした外国資本などへの税制上の優遇措置などの結果、オーストラリアでは福祉が切り捨てられるのである。地域の人々が安心して生活できる環境形成の一翼を担う地域通貨の取り組みは、オーストラリア政府が福祉を切り捨てる方向性にあるなかでいっそう重みをもつものとなっている。

❸「人としての尊厳」の回復〜社会的役割の保障——地域通貨の役割は物質的な充足ということにはとどまらない。「人としての尊厳」を取り戻すという精神的な貢献もある。

貨幣を獲得する機会を失ったり、充分に得られなかったりすると、人は無意識のうちに「自分にはあまり価値がない」と感じるようになり、人としての尊厳まで失ってしまうことがある。こうしたことが生じるのはなぜか。それは、貨幣の本質に関連がある。

先に述べたように、貨幣とは社会のために労働したということを証明する印である。貨幣を得るということは社会のために労働するということであり、またそれによって初めて社会から自分の必要とするものを受け取ることが許される。それゆえに、貨幣を得る機会をなくすと、人は自分が社会にとって役に立たない人間、あるいは社会にとってあまり必要のない人間、価値のない人間だと思い込むことになるのである。すなわち、「貨幣を多くもっている人間が価値のある人間であり、そうでない人間は価値がない」、と。

地域通貨は、こうして失われてしまった「人としての尊厳」を取り戻す役割も果たしている。地域通貨制度を介して、たとえ地理的な規模は小さくてもマレニーという地域社会のために労働したということは、自分がマレニーの社会のために貢献したということ、すなわちマレニー社会にとって自分が必要な人間なのだということを認識させてくれる。

人が生きるうえで、また「人としての尊厳」をもつうえでは、社会的分業のなかで役割分担、社会的役割が与えられるということが何よりも必要である。マレニーでは年齢がどうであれ、性別がどうであれ、身体的特徴がどうであれ、すべての人が「価値」のある技術や能力をもっているものだということを基本に、地域通貨制度を介して地域社会が地域の人々に対して労働の社会的な役割を保障しようとしている。

「人としての尊厳」を大切にしている点が、マレニーの地域通貨制度において注目されるべき点である。この結果、マレニーでは地域通貨制度を通じて、自分が暮らす地域社会で自分の存在価値が認められることで自ら進んで地域づくりのために参加するという人も出てきている[38]し、世代を超えた交流も進んでいる。

以上のようにして、マレニーではマレニー・クレジットユニオンとマレニーLETSを中核とする地域内循環、地域内連携によって地域の自立を確立し、地域再生を試みている[39]。

(38)　地域通貨は、地域の人々の理想や要求の実現のために設立された各種の協同組合とも結び付きながら、その活動を支援する役割も果たす。たとえば、環境保護活動を行うバラング・ランドケア（Barung Landcare）の場合、ここで働いている人への給料の一部（25%）を地域通貨で支払っている。これによって、バラング・ランドケアはもっている法定通貨を原生林の苗の購入に最大限充てることができ、その分だけ多くの緑の自然環境を復活させることが可能になるのである。また、住民の交流の場を提供するマレニー・コーポラティブ・クラブや資源の再利用を担うウェイストバスターズでも地域通貨を同じように活用してその活動の幅を広げている。それだけではない。リード（LEED）からの経営アドバイスを受ける対価としても、地域通貨は用いられている。

(39)　むしろ、マレニーの人々が心配していることは、マレニーが成功を収めたことから生じている困難であるのかもしれない。マレニーは涼しく、気候が快適で、しかも穏やかな景観が保全されているので、都市で成功を収めた裕福な人々がマレニーに移住をぞくぞくと始めている。これが、町づくりの基本である地域内の協同・協力の意思にどのような影響を与えるのかという点である。

第3章 オーストラリアでのその他の地域再生の取り組み

第1節 オーストラリアにおけるバブルの崩壊と「銀行が地域を衰退させる」という現象

前章で見たように、マレニーではマレニー・クレジットユニオンとマレニーLETSを中核とする地域内循環、地域内連携によって地域の自立を確立し、地域再生を試みている。自立しなければ、他者に左右され続けねばならない。よって、自立を確立することが重要なことであることはいうまでもない。

近年、オーストラリアでは、そのほかの地域においても、地域を取り巻く厳しい環境に対抗して1990年代以降さまざまな取り組みが試みられ始めている。本章では、そうした取り組みの具体例を取り上げていきたいと思う。

まず、近年のオーストラリアの地域を取り巻く厳しい環境として、「銀行が地域を衰退させる」という現実がある。1990年代においてオーストラリアで最初に起こったのはバブル経済の崩壊であった。これまでに述べたように、オーストラリアにおけるバブル経済の発生は日本からオーストラリアへのリゾート産業、不動産業の投資を契機としたものであったが、その日本の資金は日本国内の銀行をバックにしていた。

日本での不動産融資規制などを契機に1990年以降において日本からオーストラリアへの不動産関連の資金流入が激減すると（**図3－1**参照）、オーストラリアでも地価が暴落してバブル経済が崩壊した。バブル経済の崩壊によって、1990年代初めのオーストラリアは日本と同じように不良債権の発生と不況に見舞われたが、これを契機にオーストラリアの大手銀行の効率化路線が強化され、これによって地域では「貸し渋り・貸し剥し」が起こり、「銀行が地域を衰退させる」という風が吹き荒れるようになった。これが、オーストラリアの地域が置かれている現状である。

日本でも「貸し渋り・貸し剥し」によって「銀行が地域を衰退させる」という現象が社会問題化しているところであるが、もちろん、この両国の現象がまったく同一だというわけではない。オーストラリアのそれは、日本とは異なる特徴をもっている。オーストラリアの特徴は、「地域からの金融機関の消滅」を震源として「貸し渋り・貸し剥し」が発生し、地域の衰退が起こっている点である。日本の場合、「地域からの金融機関の消滅」を震源に地域の中小企業が「貸し渋り・貸し剥し」の対象にされる事例は今のところ相対的に少ないように思われるが、オーストラリアの場合はまさにこれを起点にしている。

では、オーストラリアにおけるこうした「銀行が地域を衰退させ

図３－１　日本からオーストラリアへの不動産投資の減少

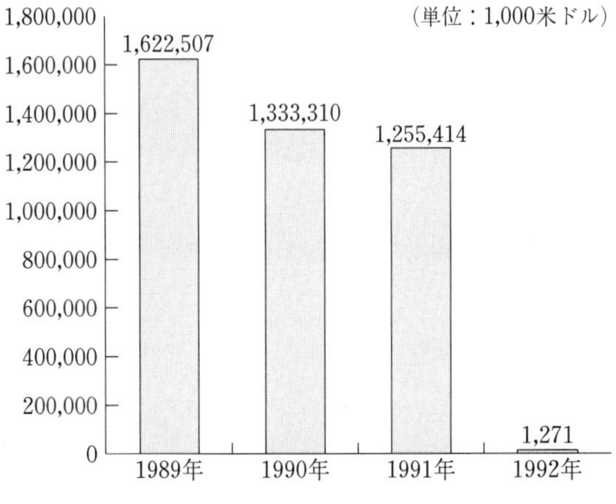

(出所) 大蔵省国際金融局『大蔵省国際金融局年報』各年版より作成。

る」という現象とは一体どのようなものなのか。この点について見てみたいと思う。その際、次の二つが論点となる。

❶なぜ、オーストラリアでは「地域から金融機関が消滅する」ということが起こるのかという問題。

❷地域から金融機関が消滅すると、なぜ「貸し渋り・貸し剥し」が発生して地域が衰退するのかという問題。

まず、❶のなぜ、「地域から金融機関が消滅する」ということがオーストラリアでは起こるのかという問題から取り上げよう。

程度の差こそあれ、オーストラリアでも日本でも銀行などの金融機関は効率化のためにその店舗数を減らしており、その点では両国はまったく同一である（**表３－１**参照）。だが、オーストラリアの場合、地域に密着していた金融機関を淘汰しながら大手銀行が地域に進出し、全国的に支店や代理店網を拡大してきたという過去の歴史的経緯があるので[1]（118ページの**コラム参照**）、地域では大手銀行の支店が地域の唯一の金融機関である場合が少なくない。また、我が国と違って、中小企業専門の協同組織形態の金融機関も制度上欠けており、地域にはそうした金融機関がない[2]。つまり、地域が大手銀行に大きく依存してきたという構図がそこにある。

表３－１　大都市・非大都市別にみたオーストラリアの銀行の支店・代理店数の変化

	大　都　市		非　大　都　市	
	支 店 数	代理店数	支　　店	代 理 店
1993年	4,118	2,563	2,946	3,725
2000年	2,840	2,091	2,165	2,952
減少率	−31%	−18.4%	−27%	−20.7%

それゆえ、大手銀行が支店を閉鎖すれば、「地域から金融機関がすべてなくなる」という事態が容易に発生するということになる[3]。筆者のオーストラリアの大手銀行の関係者に対する聞き取り調査によれば、支店の利用者がその地域の人口の半分程度であれば閉鎖の対象になってしまうという。

地域からの銀行の撤退に講義する住民

（出所）1998年3月28日の付の新聞報道記事。資料提供：Mr. Stuart Williams.

（1）オーストラリアの金融制度については、矢島保男・望月昭一・三橋昭三「オーストラリアの金融制度」高垣寅次郎監修・青山保光編『世界各国の金融制度』第3巻、大蔵財務協会、1966年、210ページを参照。

（2）オーストラリアにおける信用協同組合とは、公務員などをベースにした少額な消費者信用の協同組織が多く、中小企業間での資金的相互扶助の金融機関ではない。

（3）民間大手銀行によるその支店の閉鎖という問題を考える場合、とりわけ注意しなければならないのはコモンウェルス銀行（Commonwealth Bank）の民営化という問題がからんでいることである。地方における銀行の支店の消滅をもっとも行っているのがこの銀行であり、地方の支店閉鎖数の6割を占めているからである。これはウェストパック銀行（Westpac）の2倍の数である。コモンウェルス銀行が民営化され、営利志向が強められ、支店の閉鎖を行い始めたからこそ、他の大手銀行も支店を閉鎖しやすくなった面もあるように思われる。なお、コモンウェルス銀行の歴史についていえば、コモンウェルス銀行は1911年にオーストラリアの国営銀行として設立されたものである。ロンドンの金融勢力に対抗し、安い信用供与を行う金融機関として期待されていた（P.J. ケイン、A.G. ホプキンズ著、木畑洋一・旦祐介訳『ジェントルマン資本主義の帝国』Ⅱ、名古屋大学出版会、1997年、84ページ参照）。

次に、地域から金融機関が消滅すると、なぜ「貸し渋り・貸し剥し」が発生して、地域が衰退するのかという❷の問題について触れよう。

C O L U M N

オーストラリアの銀行史

イギリス系銀行のオーストラリア進出は、主として1830～1850年代にかけて始まった。これは、イギリスの羊毛工業の原料供給地がドイツからオーストラリアへシフトしていくのに伴って、オーストラリアの羊毛業の発展とその利潤に着目し、その直接的支配を狙ったものであった。オーストラリアの牧羊業者は、土地を担保に事業資金を借り入れた。イギリス系銀行はオーストラリア現地の地方銀行と対立するが、それを凌駕し、オーストラリアでの支配的地位を確立していく。その基本的な原因は、オーストラリア経済がイギリスからの輸入超過に大きく依存していたことにある。ポンドの融資ができるか否かが銀行業の競争戦において決定的に重要であり、その点においてイギリス系銀行は地方銀行に対して有利だった。オーストラリア国内の不況の度ごとにその利点を活用しながら、金融業界での独占支配を強めた。オーストラリアは、ロンドンを中心とする帝国によって貿易と金融の面で支配を受け、帝国の一部であった。

（P.J. ケイン、A.G. ホプキンズ著、竹内幸雄・秋田茂訳『ジェントルマン資本主義の帝国』Ⅰ、名古屋大学出版会、1997年、165～169ページを参照）。

1．オーストラリア版「貸し渋り・貸し剥し」

一見すると、地域から金融機関がすべて消滅することは大きな問題だとは見えない。周辺の中心都市には金融機関が存在しているのだから、取り立てて問題とするほどのことでもないと思われるかもしれない。事実、オーストラリアの大手銀行においては、支店を閉鎖するに際してそうしたことを主張していた。しかし、実際はそうではない。

つまり、融資の主役である銀行の支店が閉鎖され、地域からすべての金融機関が消滅してしまうということは、支店が担っていた融資の決定権という機能が地域から離れるということを意味するからである。

中小企業向けの融資は、地域に店舗をもつことによって日頃から地域に密着し、地域の中小企業の状況をよく把握している金融機関であってこそできることである。地域から金融機関が消滅すれば、融資を実施するか否かの決定権はその地域にではなく、その地域から遠く離れた都市部へと移される。地域に密着し、その事情に精通した人が融資の判断を下すのではなく、地域の事情に暗い人が地域から遠く離れた大都市にある高層ビルの一室の机の上で融資するか否かの決定を下すことになる。

企業の採算性の審査が充分にできないとなれば、融資の審査の際に担保の重要性が増すことは必然である。表向きは、経営者の人格、返済の意志、経営に対する意欲、担保などを総合的に判断して中小企業向け融資の判断をしているというが、筆者の銀行への聞き取り調査によれば、中小企業向け融資の判断に際しては８割方は担保を見ているという。いうまでもなく、中小企業は大企業に比べて経営基盤が強固であるわけではなく、担保に供するだけの資産をもっていないというところにむしろその特性がある[4]。こうして、銀行の支店の閉鎖を震源にして「貸し渋り・貸し剥し」が発生するのである[5]。

以上が、オーストラリアでの固有な「貸し渋り・貸し剥し」の形態、すなわち支店の閉鎖を震源にした地域の中小企業に対する「貸し渋り・貸し剥し」のメカニズムである[6]。地域経済は、これにより金融面での支えを失っている。金融機関の消滅を理由に店を閉鎖し、他地域へ移転する小売店も出ている。

2．「リスクに応じた金利設定」という名のまやかし

中小企業専門の協同組織形態の金融機関がないなかでの大手銀行の支店の閉鎖は、中小企業の資金調達ルートをより狭隘なものにするが、この狭隘さが大手銀行に地域の中小企業向けの融資の高い金利設定を可能にさせている。

いうまでもなく、この高い金利設定によって得られた利益は、大手銀行の内部留保に回されると同時に、大手企業に対して低い貸出金利を設定するために用いられる。

大手銀行は生き残りのために優良な大企業向け融資を志向しているが、そうした融資先をほかの金融機関との競争に打ち勝って獲得するには、貸出金利などの面でより魅力的な融資条件を大企業に提示できるか否かが重要となる。そこで、そうした余地をより多くひねり出すために、中小企業や個人などに高めの金利設定を意図的に課すということが恒常化している。

3．地域の小売業が衰退するという現実

地域から金融機関がなくなるという問題は、他の点でも深刻な影

響を小さな町や村、都市部近郊に与える。

オーストラリアでは支店が閉鎖されても、自動現金預け払い機（ATM）すら設置してもらえない地域がある。あるオーストラリアの大手銀行の関係者に対して筆者が行った聞き取り調査によれば、その大手銀行の経営方針ではATMが地域に設置されるには1日に5,000から6,000単位の稼動があることが最低条件であるという。

ATMを設置してもらえなければ、人々は生活に必要な現金を預金から引き落とすために、その地域から外へ出て金融機関の店舗のある大きな町、あるいはATMの設置してある大きな町まで行かなければならない。だが、そうなると、生活必需品などの購入もその大きな町で済ませてくるということになる。買い物客が外へ流出するという結果、地域の小売業は大きな町のショッピングセンターに客を奪われ、このことが地域の商店の閉鎖などの地域経済のいっそうの縮小をもたらしている。

たとえば、ニューサウスウェールズ州の州都であり、オーストラリア最大の都市でもあるシドニーから僅か50km離れた所にある人口

（4）　筆者のオーストラリアの中央銀行であるオーストラリア準備銀行に対する聞き取り調査によれば、特別大きなプロジェクトを除けば、オーストラリアでの大企業向け融資は中小企業向け融資とは異なって無担保融資である。

（5）　ここでは、銀行が「公共性」という責務を果していないということが問われるべきところであろう。確かに、オーストラリアでは銀行と顧客との間のトラブルを解決するためにオンブズマン制度が設けられてはいる。たが、この制度には限界がある。銀行業界が立ち上げた株式会社組織であり、メンバーとなっている銀行が株主であるという事情が反映されているからである。銀行の営業的判断、金利に関する方針、当事者たる銀行が対応する意思のない案件については、オンブズマンは関与できないことになっているのである。

（6）「貸し渋り」だけでなく、中小企業向け融資には高い手数料が設定されるようになった。本来、手数料は第2次世界大戦後のオーストラリアにおいては徴収しないものであった。あるいは、たとえ徴収したとしても僅かなものであったにすぎなかった。ところが、1990年代初めに手数料が導入されて以降、オーストラリアの銀行の営業収入に占める手数料収入の割合は増加し、1998年時点で約30%にも達している。オーストラリアの銀行の重要な収益源となっている手数料であるが、なかでも、もっとも高い手数料率を設定されているのが中小企業向け貸し出しであって、大企業向け貸出の2倍の手数料率である（Reserve Bank of Australia, “Bank fees in Australia”、参照）。

15万人のキャンベルタウン（Campbelltown）という都市近郊の町ですら、こうした現象が起こっている。町の財政資金を預かるという恩恵を町から受けていながら、金融サービスを町から取り上げるという大銀行の行動に対しては、行政サイドも巻き込みながら「地域コミュニティに金融サービスを提供するという義務を果たすべきである」という声が上がっている。

キャンベルタウンでは、口座開設という基本的な金融サービスすら充分に受けられず、小売業の収縮も進んでいる。地方の高齢化した町では、金融サービスの低下や小売業の収縮が遠出の難しい高齢者の生活の基盤を脅している。つまり、高齢者はまったく忘れられた存在となっているのだ。

もちろん、こうした地域からの金融機関の消滅と地域商店の収縮との連動関係は決して偶然の産物ではない。そうではなく、大手のショッピングセンターと大手銀行との意図的な連携の結果として起こっていることである。大手銀行は、大手ショッピングセンターへの ATM の設置によって周囲の地方の人々を効率的に集客することができる。これにより、大手ショッピングセンターは売上高を飛躍的に伸ばすことが可能になり、また大手銀行の側もショッピングセンターという融資先を大きく育てることができるという仕組みになっている。

このことは、シドニー、メルボルンなどの大都市部でその効果が大きいといわれているが、効果の乏しいとされるクイーンズランド州の地方でもショッピングセンターの売上高が４割も増したといわれる。

以上のようにして、オーストラリアでは「銀行が地域を衰退させる」という現象が起こっている。

第２節　「コミュニティバンク」とBMT LETS《ビー・エム・ティー・レッツ》

こうしたなか、オーストラリアでは、マレニーのように地域全体が連携して実体経済と金融の両面から地域内循環を確立するとまではいかないまでも、自分たちの生活を守るためのさまざまな取り組みが各地で少しずつ広がりを見せ始めている。既存の金融機関に地域に貢献する銀行になってもらって地域の再生に取り組むという「コミュニティバンク」の事例や、地域内に暮らすシングル・マザーが中心となって地域通貨に取り組む、ニューサウスウェールズ州最北東地域の「BMT LETS（BMT Local Exchange Trading System）」の事例などがそれである。

以下において、この二つについて詳しく述べていくことにする。

１．「コミュニティバンク」（Bendigo Bank Model）——「公正で適切な銀行サービス、資金のコントロールを地域コミュニティに取り戻す」

「コミュニティバンク」の仕組み

現在のオーストラリアでは、地域の人々がマレニー・クレジットユニオンのような金融機関を設立するのは難しくなっている。というのも、マレニーの人々がこの金融機関を立ち上げた1980年代とは異なり、バブル経済の崩壊などを契機に信用秩序の維持という名のもとにクレジットユニオンを設立するのに必要な法定の資本金額が引き上げられてしまったからである。

こうしたことが起こった背景には、地域が置かれている状況に対して、オーストラリアの連邦政府や学識者が必ずしも真摯に向き合っていないという事情がある[7]。連邦政府についていえば、銀行の地域からの撤退という事態のなかで衰退地域の人々がそうした銀行行動の是正を連邦政府に要求したとき、連邦政府は「この閉鎖は市場メカニズム、市場の流れ」であるという見解を示し、地域の人たちの願いを一蹴している。

また、学識者についてもほぼ同様の見解が見られる。学識者によれば、オーストラリアの銀行はほかのOECD諸国に比べてオーバーバンクであるという。こうしたオーバーバンクの状態は非効率であり、是正されるべきであって、支店数を減らすことは合理化への向けた動きであるとされた。つまり、人口と銀行の店舗数とが単純に比較されたうえで、現状が非効率と診断され、「効率性」の名のもとに支店の閉鎖などが「合理的」であり、そうすることがほかのOECDの先進諸外国に追いつく道だというのである。

連邦政府や学識者に欠落しているのは、彼らの視点からは「非効率＝ムダ」と見えるマレニー・クレジットユニオンのような金融機関が、彼らがまさに絶対視する「市場の流れ」のなかから登場してきたのは一体なぜかという問題意識、あるいは地域の人たちが大手銀行の支店の閉鎖に異議を唱えるのはなぜかという現実認識である。それは、連邦政府や学識者から見れば「非効率」と感じられるであろう金融機関が、「ムダ」なのではなく「必要」だからにほかならない。

それゆえ、必要資本金の引き上げという障害は、地域のための金融機関の設立に関してマレニーとは異なる新たな手法をオーストラリアに誕生させた。その手法とは、既存の銀行に依頼をし、その銀行に支店を地域に出店してもらって、それをもって地域のための金融機関として機能してもらうという方式である。マレニーのように地域の人々が自前で一から金融機関を設立させるという方式を採用しようとすれば法定必要資本金という壁にぶつかることになるが、すでに金融機関としての資格をもっている既存の銀行が支店を出すというこの方式であれば、地域の人々は必要資本金による制約を受けることなく、地域の人々は金融機関を地域内にもつことができる。

この方式において地域に協力し、地域に支店を提供する役割を果たしているのが、ビクトリア州のなかの4番目に大きな街であるベンディゴ（Bendigo）に拠点を置く地方銀行の「ベンディゴバンク（Bendigo Bank）」である。このことから、この方式は一般に「ベンディゴバンク・モデル」と呼ばれている。この方式によって地域に設立されたベンディゴバンクの支店は「コミュニティバンク」と呼ばれ、地域に大きな役割を果たしている。

（7）　たとえば、その例として W.S. Weerasooria, *Banking Law and The Financial System in Australia,* fourth edition, Butterworths, 1996. 参照。

では、コミュニテイバンクが地域に果たす役割とはどのようなものなのか。それは単に失われた金融サービスを大手銀行に代わって提供するということにあるのではない。その大きな役割とは、次の二つの点にある。

❶地域コミュニティが参加できる金融サービスの保障——地域が生み出した資金を、地域が管理、運用できるように支援するということである。「地域が生み出した資金であるにもかかわらず地域のために活用されることがない」というようなことがないようにできるだけ配慮がなされている。そして、それは、次の二つの仕組みを通して行われている。

まず、運営にかかわる議決権の仕組みによってである。コミュニティバンクは地域住民が出資をしてベンディゴバンクから支店を運営する権利を買い取ることで設立されるが[8]、株主の議決権は持ち株数にはかかわりなく、1人1票制とされている。これは、コミュニティバンクの設立と存続に貢献しているすべてのコミュニティメンバーが、公平にコミュニティバンクの運営に参加できるようにするためである。また、株式は一般に転売可能ではあるが、地域の利益に反するような株式保有動機をもつ人の手にわたるような場合においては地域が株式の転売を拒否できるようになっている。

次に、コミュニティバンクで働くスタッフについても地域重視の配慮が織り込まれている。コミュニティバンクで働くスタッフには、地域の住民があてられている。ベンディゴバンクはコミュニティバンクに対してスタッフトレーニングはするが、コミュニティバンクのスタッフはベンディゴバンクの職員ではない。地域住民のほうが地域経済の実情をよく把握していることを生かして、融資判断に必要な情報は地域の人たちが集める。

ベンディゴバンク

「コミュティバンク」の設立に向けて開かれた住民集会の様子

（出所）　300人を超える住民が参加したヘンティーでの住民集会を伝える新聞報道。資料提供：Mr. Stuart Williams

（８）　地域のための金融機関の設立のためには、地域から出資金として40万オーストラリアドルを集める必要があるが、その際、それは１人や２人の資産家からではなく、町でミーティングを開いてコミュニティバンク設立の賛同を得つつ、200〜300人の人たちからお金を集めなければならない。支店を出すということはベンディゴバンクにとってもリスクを伴うことなので、地域内でどれだけの人が「コミュニティ・バンク」を支えてくれる気があるのかということが問題になるからである。それゆえ、ベンディゴバンクの方から地域にコミュニティバンクの設立話をもちかけるということはしない。地域の人たちが出店を要請してくるのを待つという姿勢である。他の金融機関は、ATM の設置など見られるように、客を来させようとしてお金をかけるが、ベンディゴバンクはこのように逆なのである。

そして、そこで経営状態や担保の有無が精査される。預金保護の問題もあるので、融資の最終的な決定権はベンディゴバンクが握っているが、地域の人たちの意見を聴き、それをできるだけ反映させるということが重視されている。つまり、融資の決定権をコミュニティに可能なかぎり近づけようというものである。

❷地域の資金が生み出した果実を地域に享受させる――銀行は預金と貸出の金利差、すなわち「利《り》鞘《ざや》」と呼ばれる利益を得ており、この利益は通常地域からすぐに離れて本店へと流れ込むが、コミュニティバンクの場合、利益はベンディゴバンクだけでなく地域コミュニティにも分配される。

まず、株式の配当という形で地域住民に利益が分配される。次いで、地域のための各種プロジェクトにコミュニティバンクの利益が使われる。どういう形で利益をコミュニティに還元するかはその地域の住民の手に委ねられているが、たとえばニューサウスウェールズ州のヘンティ（Henty）という地域では、地域医療や福祉の再生のためにこのコミュニティバンクの利潤が役立てられている。オーストラリアは「福祉大国」と賞賛されているが、現実には政府の福祉の切り捨てや地域の衰退のなかで地域の病院が閉鎖されたり、あるいは看護師などのスタッフを確保できないという事態が地域で発生してきている。そこでヘンティーでは、地域内で看護師として勤務することを条件に看護師を目指す学生に対する奨学金制度を設け、地域医療の担い手の育成を図っている。

このように、コミュニティバンクの利益はコミュニティへ再投下され、コミュニティ活動の支援のための資金の湧き水として機能している。

「コミュニティバンク」の実例

こうしたベンディゴバンク方式によって2002年までに約50の「コミュニティバンク」がニューサウスウェールズ州、ビクトリア州、クイーンズランド州、南オーストラリア州などのオーストラリアの各州にまたがって、農村地域や大都市郊外において展開されてきている。そこで、ここではコミュニティバンクの実例として農村地域の事例と大都市郊外の事例をそれぞれ取り上げたいと思う。また、それ以外のコミュニティバンクについては136ページのコラムを参照していただきたい。

❶農村地域の事例（ルパニュップ／ミニップ・コミュニティバンク）

――オーストラリアで最初にコミュニティバンクが設立されたのは、地方の農村地帯であった。ビクトリア州の州都メルボルンから北西約300㎞に位置するルパニュップ（Rupanyup）とミニップ（Minyip）という地域がそれである。農村地域に展開するコミュニティバンクの多くは人口1,000人規模の地域であるが、このルパニュップとミニップという2つの地域の人口も900人規模である。地域の主要産業となっているのは小麦栽培である。

近年、この二つの地域に存在していた六つの銀行のすべてが去ったことで、地域住民は日常の金融サービスを受けるために100㎞の遠出を余儀なくされた。その結果、企業の閉鎖や住民の流出が発生した。地域の衰退に歯止めをかけるために、「ルパニュップ／ミニップ・コミュニティバンク」がこうして1998年6月に設立された。小さな地域に誕生したコミュニティバンクであったが、次第に経営基盤を確立し、毎月1万ドルの利益を達成するまでになっている。

❷大都市郊外の事例（アップウェイ・コミュニティバンク）——コミュニティバンクという発想は、当初、金融サービスを失った地方の農村地域などを構想の対象としたものであったが、大都市郊外からもコミュニティバンクの設立要請が来るのに時間はかからなかった。銀行の支店の閉鎖は地方にかぎったことではなく、大都市郊外でも例外なく行われたからである。

メルボルンのビジネスの中心エリアから僅か７㎞しか離れていないエルウッド（Elwood）やアップウェイ（Upwey）などもそうした地域であった。ここでは都市近郊の事例として、ビクトリア州のヤラ・レインジズ・シャイア（Yarra Ranges Shire）にある「アップウェイ・コミュニティバンク（Upwey and District Community Bank Branch）」を取り上げておこう。

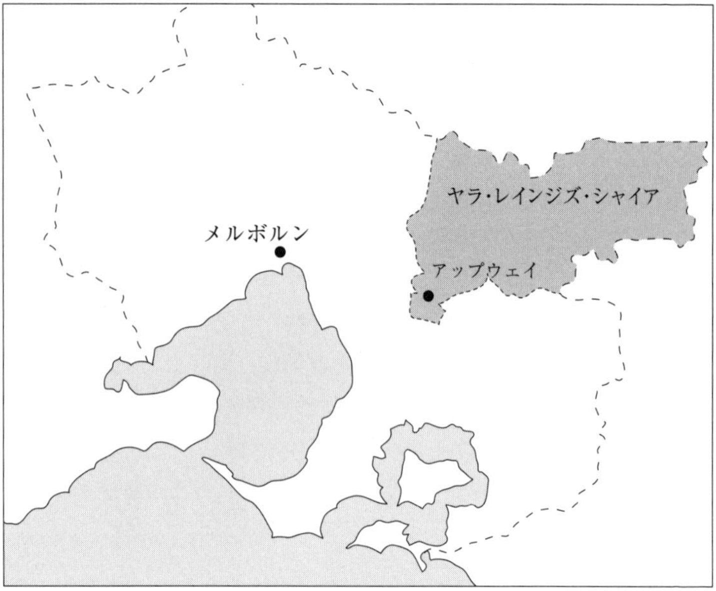

ヤラ・レインジズ・シャイアは、ビクトリア州の州都であるメルボルンの東方に位置するワイン生産で有名な人口約14万人の町である[9]。この町の経済は、地域の自然環境に立脚した農業、製造業、観光業を基盤にしている。すなわち、葡萄の生産をもとにワイン工場が展開し、またそのワイン工場の見学のために国内観光客が訪れ、そしてそれらを基に卸売業・小売業が展開するという体系になっている（**図3－2**、**図3－3**参照）。

このヤラ・レインジズ・シャイアでは1998年から2002年の4年間でオーストラリアの大手銀行の支店が10以上も消滅し、その結果、いくつかの地域から金融サービスが失われた。地域に住む人たちは、かぎられた金融サービスを「エフトポス（EFTPOS：Electronic Funds

ヤラ・レインジス・シャイアの町並み

（出所） Shire of Yarra Ranges, *Revitaling our Townships*, July 2001.
資料提供：Mr. Stuart Williams.

（9） ヤラ・レインジズ・シャイアは、1994年に旧ヒールスビル・シャイア、リリデール・シャイア、アッパー・ヤラ・シャイア、シェルブルーク・シャイアの合併によってできた。

図3－2　ヤラ・レインジズ・シャイアの産業別就業人口

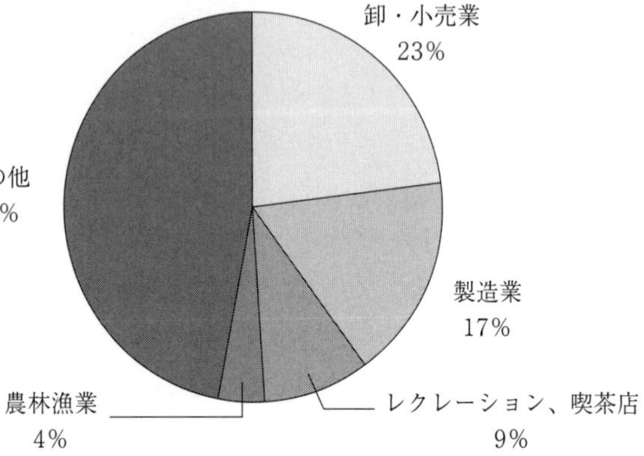

（ 注 ）数値は2002年６月。
（出所）Shire of Yarra Ranges , *Annual Report 2002-2003.* より作成。

図3－3　ヤラ・レインジズ・シャイアの国内観光客の比重

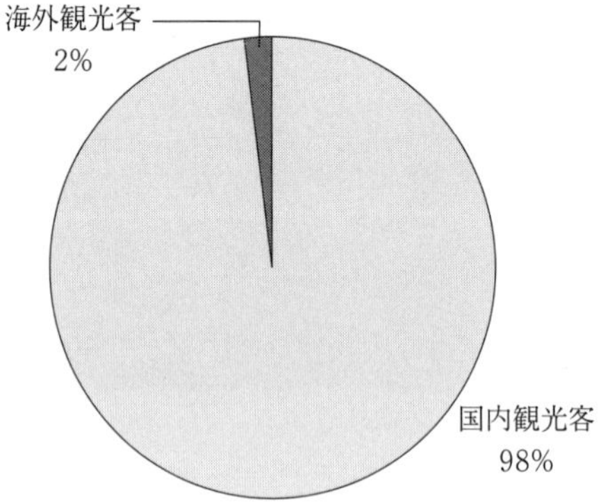

（ 注 ）数値は2002年12月。
（出所）Shire of Yarra Ranges , *Annual Report 2002-2003.* より作成。

Transfer at Point of Sale)」で受けられるが、このエフトポスにしてもそれが使えるのは地域内ではスーパーマーケットなどわずかな主要な企業にかぎられている。また、ATM（Automatic Teller System）も、地域の規模が小さすぎるため設置されていない状況である。

ヤラ・レインジズ・シャイアのなかにあるアップウェイ（Upwey）という地域は人口約6,000人、企業数約60の町であるが、1998年2月に地域にある最後の金融機関の支店が閉鎖されたことを受けてコミュニティバンクの設立に向けた取り組みが開始された。地域内の企業の約90％に当たる55の企業が、コミュニティバンクの設立に強い希望を表明した。というのも、多くの店が個人経営なので、両替や現金の引き出しのために、店を閉めて遠くの金融機関に出向くということができないからである。

個人経営の企業のなかには、金融サービスが受けられないという

アップウェイ・コミュニティバンクの窓口

理由で店を閉めて別の地域へ移転するところまであった。高齢者もまた、遠出が困難であるがゆえにこの運動に熱心だった。そして、地方自治体も、リーターシップを発揮しながらタウンミーティングのための場所の提供や資金提供の面で協力した。

こうしてコミュニティバンクの設立を話し合うタウンミーティングが開かれ、300人以上の地域住民が参加し、コミュニティバンク設立の意思が決定された。その際、50万オーストラリアドルがサポート資金として提供され、1998年10月に「アップウェイ・コミュニティバンク」が設立された。

メルボルン郊外に位置するこの地域のコミュニティバンクは、ベンディゴバンクにしてみると最初の都市型のコミュニティバンクであり、オーストラリア最大のコミュニティバンクである。現在、資金量は約7,000万オーストラリアドルで、コミュニティバンクとしてはオーストラリアでもっとも高い利潤を達成している。近年、この利潤を使ってコミュニティへの補助金の支給が開始され、小・中学生向けの奨学金が創立されるなど、14のコミュニティグループへ補助金が支給された。今も経営規模は拡大し続けており、預金口座は6,800を数え、週に25から45の新規口座の開設がある。

ベンディゴバンクの経営戦略

大手銀行がその効率性重視の戦略ゆえに国民から大きな非難を浴び続けている一方で、コミュニティバンクの提供によって地域の人たちから喝采を浴びているベンディゴバンクであるが、ここにおいて注目しておきたいのはその経営戦略である。

ベンディゴバンクは、もともと住宅ローンなどを提供する金融機関として1858年に設立された、いわゆる普通の金融機関であり、現在のような地域重視の金融機関というわけでは必ずしもなかった

ベンディゴバンクの経営陣

（注）　写真左から「コミュニティバンク」の発案者である Managing Director の Mr. Rob Hunt、Chief Manager Community Banking の Mr. Russell Jenkins

（**コラム参照**）。ところが、今日、大手銀行とはいえない資産規模約80億オーストラリアドルのこのベンディゴバンクがコミュニティバンクという発想によって地域の絶大な支持と名声を得て有名銀行として台頭してきたのは、実はオーストラリアの経済や地域が置かれている現状に分析のメスを入れてつぶさに調査してきた結果なのである。大手銀行とはいえないベンディゴバンクは、生き残りをかけて他行との差別化を模索して調査・研究を進めていた。その研究を通して、グローバル化が進行すれば村の精神が見直されるときが必ず来ると予測した。

「大銀行の支店の閉鎖が市場メカニズムの流れであるならば、公正で適切な銀行サービス、資金のコントロールを地域コミュニティに取り戻す要求も高まる」ということを予想し、「コミュニティが成長、成功することこそが何よりも大事であり、そのほうが銀行もゆっくりではあっても着実に成長できる」という発想、あるいは「町

C O L

他のコミュニティバンク

❶Lang Lang コミュニティバンク

ビクトリア州のサウスギップスランドに位置している人口900人の町Lang Lang にあるLang Lang コミュニティバンクは、1998年10月に設立された。コモンウェルス銀行の支店の閉鎖によって雇用と人の流出に見舞われたこの地域では、パブリックミーティングが開かれ、コミュニティバンク設立のための約30万ドルの資金が集められた。

❷ベラリーン・ペニンシュラ（Bellarine Peninsula）コミュニティバンク

町で唯一残っていた最後の銀行、コモンウェルス銀行の支店が1998年に閉鎖されたのを受けて1999年に設立された。地域の商業者や住民が中心となり、設立に向けて約40万オーストラリアドルの資金が集められた。

❸ナセイリア（Nathalia）コミュニティバンク

メルボルンの北西220㎞に位置する人口1,500人の農業と酪農の町にあるこのコミュニティバンクは、2000年５月に設立された。

❹ウォーバトン（Warburton）コミュニティバンク

メルボルンの東76㎞に位置する人口2,000人の町にあるこのコミュニティバンクは、2000年２月に設立された。

❺パースデール（Pearcedale）コミュニティバンク

メルボルンの南東に位置する人口3,000人の町にあるこのコミュニティバンクは、2001年10月に設立された。この町ではかつて銀行が存在したことがなく、地域住民は町から遠出をして日常の金融サービスを受け

U　M　N

ていたが、このコミュニティバンクの誕生によって歴史上初めて銀行を有するに至った。

❻グーマリング（Goomalling）コミュニティバンク

パースの北東130㎞に位置する、人口約1,000人の小麦栽培の町にあるこのコミュニティバンクは1999年10月に設立された。大手銀行の支店の閉鎖によって町のいくつかの企業が店を閉め、住民も町を去っていったが、行政主導のもとでこのコミュニティバンクが設立された。

❼Kulin コミュニティバンク

パースの南東283㎞に位置する人口約700人の小麦栽培の町にあるこのコミュニティバンクは、西オーストラリア州で最初に設立されたコミュニティバンクである。

❽Tambellup / Cranbrook コミュニティバンク

パースの南東317㎞に小麦栽培地帯として位置する人口約700人のTambellup と人口1100人の Cranbrook にあるこのコミュニティバンクは、1999年12月に設立された。この地域では、1989年に最後の銀行の支店が閉鎖され、農業者や商業者や地域住民は10年間以上にもわたって金融サービスを受けるために遠出を余儀なくされてきた。

❾トゥダイエ（Toodyay）コミュニティバンク

パースの北85㎞に位置する人口約3,800人の町にあるこのコミュニティバンクは、1999年に大手銀行の支店の閉鎖を受けて設立された。

の人の声を聴くこと、町の意見を銀行経営に反映させることを重視すべきであって、そのほうが銀行も早く成長できる」という発想がなされた。こうして、経営戦略として誕生したのが「コミュニティ・バンク」の構想である。

コミュニティバンクを支えれば地域が必要としているところに資金が回るうえ、「利鞘」という名の利益も地域に還元されることになるので、大手銀行からコミュニティバンクに預金や取引関係を移そうというインセンティブが地域住民の間に生まれることになる。

この点は、日本の銀行の経営戦略とは大きく異なる点である。日本の銀行の場合は、どちらかといえば、多くの市民の勤務先である中小企業、すなわち市民の生活基盤を支えているものに対して「貸し渋り・貸し剥し」という形で圧力をかけることによって銀行の「自己資本比率」を高めて自らの安全性を強調し、預金の獲得などを図ろうとしている。したがって、この戦略では「自己資本比率」だけが問題になるので、自己資本比率が高ければどこの銀行であっても同じであって、あえて特定の銀行を支援しようというインセンティブは地域住民にはなかなか湧いてこない。

それに対してベンディゴバンクの経営戦略は、多くの住民の雇用を支えている地域の中小企業、あるいは地域社会に対して恩恵を与えることによって、そうしたインセンティブを地域住民の間に湧くようにしているのである。

実際、その後において多くの地域がグローバル化、効率化のなかで問題を抱えるようになったとき、ベンディゴバンクの練っていたこの経営戦略が実行に移されて多くの市民の喝采を浴びることになった。

では、ベンディゴバンクのこうした先端的な現状分析はいかにして可能だったのか。その理由は、ベンディゴバンクの本拠地がビクトリア州であったことにあるように思われる。

ビクトリア州は、オーストラリアの諸州のなかにあっても経済的

COLUMN

ベンディゴバンクの発祥の歴史

ベンディゴバンクの発祥は、1850年代のゴールドラッシュに根拠をもっていた。バサースト、バララットとともにベンディゴで金鉱が発見されたが、小狭谷に沿って多数の採金者が殺到し、簡易テントを拠点に採金を行っていた。こうした簡易テントを拠点にしている零細な採金者を対象に、採金で得られる現金収入を当てこんだ住宅資金の融資ビジネスの余地が生まれた。こうして、ベンディゴバンクの前身である「Bendigo Land & Building Society」が誕生した。

ベンディゴ地域の発展に伴ってBendigo Land & Building Society も発展し、1995年に銀行へと転換した。ほかの金融機関と合併するなどして、ビクトリア州、ニューサウスウェールズ州、クイーンズランド州、南オーストラリア州に約170の支店を有している。オーストラリアの株式市場（ASE）に上場しており、株主数は3万6,000人を超える。ベンディゴバンクは、州都に本店を置いていない銀行である。

なお、ベンディゴ地域のゴールドラッシュについて論じたものとしては、関根政美・鈴木雄雅・竹田いさみ・加賀爪優・諏訪康雄『概説オーストラリア史』有斐閣、1988年、117ページ、などがある。

な地位の低下が激しかった地域である。かつては地場の製造業の発達によってオーストラリア経済の中核を担う州であったが、ビクトリア州の金融機関はこの地場の製造業という基盤を規制緩和、グローバル化のなかで外国資本によって突き崩された。その結果、その後もバブル経済においてほかの州の金融機関よりも不動産投機にのめり込み、不良債権を発生させて多くの金融機関の破綻や閉鎖を生んだ。

また、合理化のための金融機関の支店や代理店の閉鎖もオーストラリアのなかでも厳しい状況に置かれている（**表3－2**参照）。すなわち、オーストラリアの置かれている現状あるいは矛盾が凝縮され、端的に現れていたのがほかならぬビクトリア州であった。

ベンディゴバンクは、こうした凝縮された現状の矛盾を目の当たりにできる環境のなかにあった。それゆえ、金融機関として地域という自らの足元を固めることがいかに重要であるか、また他者依存や追随あるいは横並びがいかに危うさを伴うものであるかを認識できたといってよい[10]。これが「コミュニティが成長、成功することこそが何よりも大事であり、そのほうが銀行もゆっくりではあっても着実に成長できる」という発想の原点にほかならない。

表3－2　州別にみたオーストラリアにおける銀行の支店の閉鎖

（1993～2000年）

	閉鎖数	減少率
ビクトリア州	766	－30%
ニューサウスウェールズ州	728	－20%
南オーストラリア州	151	－15%
クィーンズランド州	164	－20%
西オーストラリア州	184	－36%

2．オーストラリアのその他の地域通貨

オーストラリアでは、マレニー以外にも現在のところ約250の地域が地域通貨を導入しているといわれている。ここでは、ニューサウスウェールズ州のBMT LETSの事例を取り上げたのちに、オーストラリアの地域通貨の一般的な性格とその法的な位置づけについて整理したいと思う。

BMT LETS

ニューサウスウェールズ州最北東地域のBMT LETSは、シングルマザーなどの女性たちが中心となって立ち上げたものである。

オーストラリアでは、雇用という点においてとりわけ厳しい立場に置かれているのは女性である。女性の場合、たとえ職をもっていたとしてもパート労働という不安定かつ低所得層を形成する人たちが相当数をなしている。

一般にオーストラリアの失業問題というと、その原因を女性の社会進出などに求めようとする議論が流布している。たとえば、日本貿易振興会の高野仁氏は、その著書『福祉大国も楽じゃない―オーストラリアでは―』において次のように論じている。

「1973年から1993年までの20年間の変化を示す次の数字を見ていただきたい。(20年間で）15歳以上の全人口43.1％の増加。労働力人口47.1％の増加。就業者総数33.9％の増加。雇用は男性16.5％、女性68.2％の増加。つまり、…〔中略〕…女性が台所から出て労働力人口に加わったため労働力人口の増加率は高かったが、就業者（雇

(10)　ビクトリア州は、ほかの州の特徴とは異なり、地方よりも都市部で支店の閉鎖が目立つ地域である。そうした州だからこそ、金融機関の破綻や支店の閉鎖が相次ぎ、ベンディゴバンクもその経営戦略を実行に移しやすい環境に恵まれた。

用）の増加率のほうが低かったために、労働力人口の伸びを吸収できず、失業率が増加したのである[11]」

統計数値に彩られているので一見もっともらしく見えるかもしれないが、だがこれはたいへん奇妙な議論であるといわなければならない。まず、指摘しておきたいのは、女性の社会進出に雇用問題の原因があるわけではないということである。オーストラリアへ調査に出向いたとき、その至る所で何度も耳にするのは女性の生活の困難さである。実は、オーストラリアにおいて開花しているBMT LETSの構成メンバーの多くは女性であるが、彼女たちの多くもやはり所得が少なくて生活できないから加入しているのである。こうした点に少し目を向けただけでも、先の議論が一般の人々の実際の生活を正しく反映した議論といえないことが分かる。

こうした議論を展開する論者が考えるべきであったのは、雇用に深い関連をもつオーストラリアの実体経済に1970年代以降一体何が起こったのか、そして、女性の就労の増加にもかかわらず女性の生活が苦しいのはなぜかという深層の議論である。

すでに述べたように、1970年代にアメリカや日本などに代表される外国資本によって、オーストラリアの人々の多くの雇用を支えていたオーストラリアの製造業が解体されたことに失業問題の根本原因がある（**図3－4**参照）。製造業は、歴史的に女性労働力を吸収するという役割を果たしていた。しかも、製造業の解体による雇用問題は、男性に対してよりも女性に対して大きな影響を与えたのである（**図3－5**参照）。

流動化した労働力の一部は、日本から進出してきた資本を頂点とする観光産業、あるいはそれに連なる小売業などに吸収されたが、それはパート労働という低所得で不安定な雇用形態において吸収さ

図3－4　オーストラリアにおける男女別の失業率

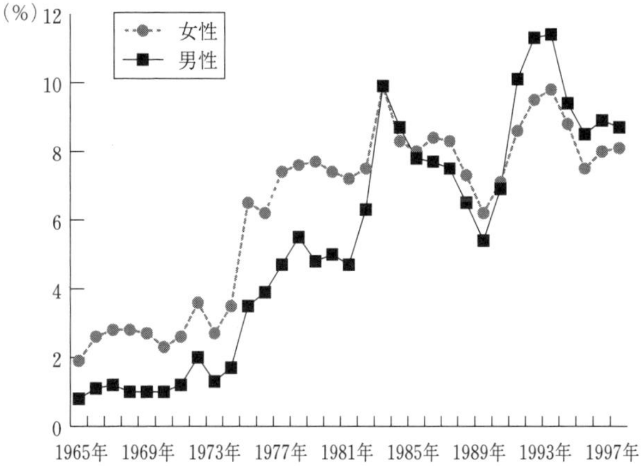

（出所）Australian Bureau of Statistics , *Labour Force survey* のデータより作成。

図3－5　オーストラリアの男女別に見た就業に占める製造業の割合

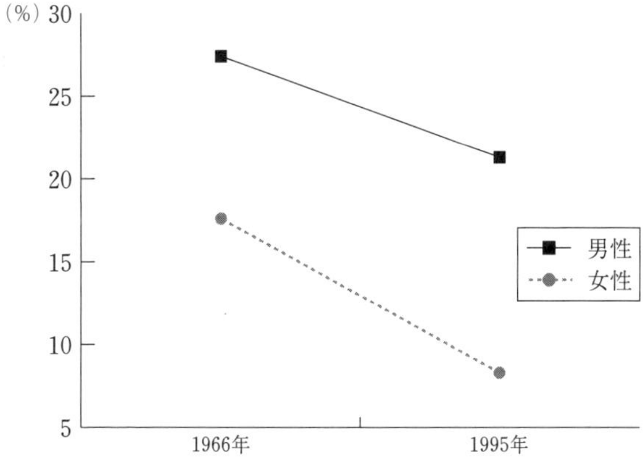

（出所）Australian Bureau of Statistics , "The Labour Force , Australia", Canberra , annual より作成。

れたにすぎなかった（**図3－6**参照）。ホテルやゴルフ場に代表される日本資本による観光産業やそれに連なるお土産品などの小売業が雇用吸収の花形産業として台頭してきたので、就労者数の伸び率では男性よりも女性に相対的に有利に作用したかもしれないが、だからといって、それが女性の雇用の安定や労働における地位の改善を意味しているわけではないのである。「第1次・2次産業から第3次産業に比重が移ることにより女性に適した職場が増えた、勤務時間に融通がきくパートが大幅に増え女性が働きやすくなった[12]」というような議論も囁かれているが、その実態とはこうしたものであり、女性の社会進出に失業問題の原因を求める説と同様、現実を正しく反映した議論ではない。

この節で取り上げるBMT LETSの舞台となるニューサウスウェールズ州最北東地域の女性も、まさにこうした流れのなかにより厳

図3－6　男女別にみた雇用形態におけるパート労働の比重

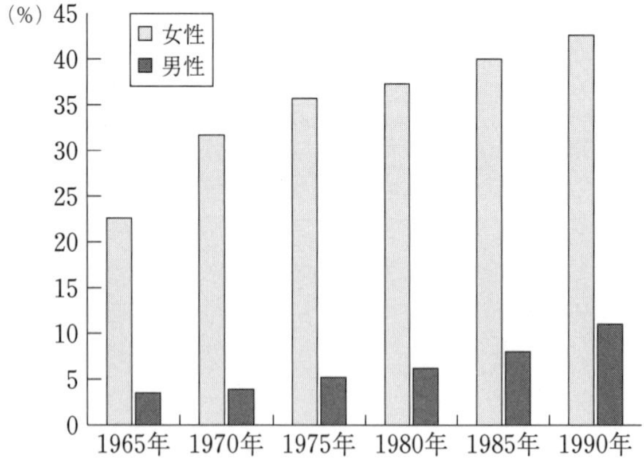

（出所）Australian Bureau of Statistics , “The Labour Force , Australia”, Canberra , annual より作成。

しい形で置かれている。

ニューサウスウェールズ州最北東地域の経済的状況を見てみると、農林漁業、とりわけ酪農業や捕鯨およびそれを原材料とした製造業に代わって地域の主要産業となった観光産業には集客力が相対的に欠けており、地域の雇用の機会が少ない。町はずれにある岬ケープ・バイロン（Cape Byron）やオーストラリア最大のバイロンベイ灯台（The Cape Byron Lighthouse）といった観光スポットがあり、また熱帯雨林に立脚したエコツーリズムやホエールウォッチングもあるが、ゴールドコーストのように海外から多くの観光客を引き込むほどの集客力はない。

それゆえ、この地域を特徴づけているものは高失業、低所得、そして高齢化である（**図3－7**参照）。生活保護などの形で政府から補助金をもらっている人の比率はおおよそ41％であり、ほぼ2人に1人という高い割合である。これは、ニューサウスウェールズ州の平均である27％をはるかに超える水準である（**図3－8**参照）。

こうした状況を背景にして、最北東地域内にあるバイロンベイ（Byron Bay）、マロンビンビ（Mullumbimby）、トゥイード（Tweed）という三つの地域に暮らすシングルマザーが中心となって自分たちの生活を守るためにBMT LETSという地域通貨制度を立ち上げたのだった[13]。

この地域では、上述したようにシングルマザーの占める割合が高いので、雇用の面で厳しい立場に置かれているシングルマザーが生

(11)　高野仁『福祉大国も楽じゃない―オーストラリアでは―』日本貿易振興会、1995年、224ページ。

(12)　高野仁『福祉大国も楽じゃない―オーストラリアでは―』日本貿易振興会、1995年、225ページ。

(13)　女性の労働における地位の問題や女性のエンパワーメントという視角から地域通貨を論じたものとしては、斎藤悦子「地域通貨と女性のエンパワーメント」伊藤セツ・川島美保共編著『新版消費生活経済学』光生館、2002年、117～128ページ、がある。

図3－7　ニューサウスウェールズ州のなかでの最北東地域の位置づけ

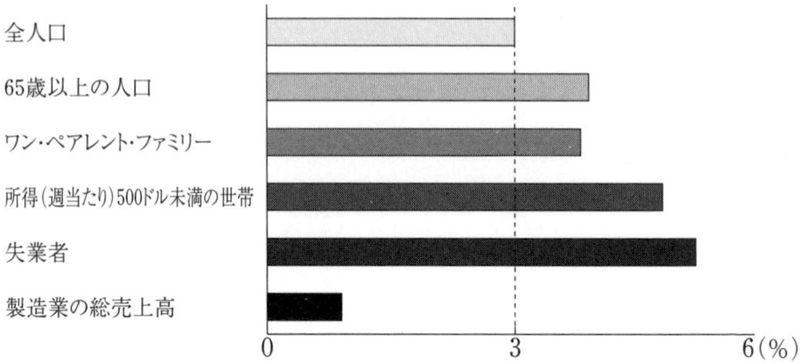

（注）数値は、各項目に関して最北東地域がニューサウスウェールズ州において占めているシェアを表しており、2001年時点のものである。

（出所）Department of Transport and Regional Services, *A Regional Profile -Far North East NSW Region*, June 2003, p.13-14.

図3－8　最北東地域において所得援助を受けている人の割合

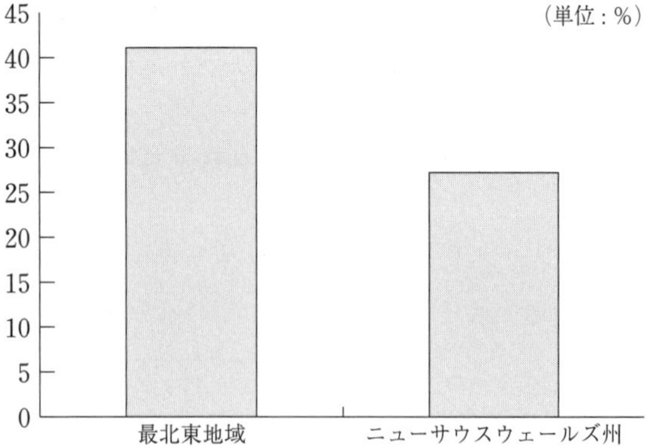

（注）15歳以上の人を対象とした2001年6月時点の数値。

（出所）Department of Family and Community Services, *Centrelink Customers by Post-code*.より作成。

ニューサウスウェールズ州最北東地域

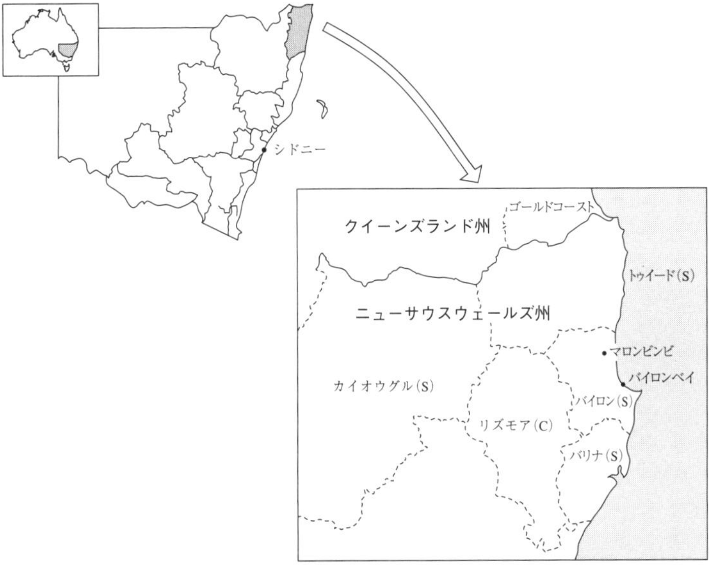

バイロンベイの町はずれにある岬
ケープバイロンと太平洋

バイロンベイ灯台
バイロンベイの観光スポットで
あるオーストラリア最大の灯台

活していくためには、同じような立場の人と分業関係を結び、自分たちのできる労働を交換し合い、支え合って生きていく以外にない。すなわち、「自分が他人に提供できること」と「自分がして欲しいもの」を地域内の人たちで提示し合うことを通じて、助け合って生活する以外ないのである。オーストラリアドルという法定通貨の取得から排除されている女性たちのこうした私的労働の社会的分業関係を地域社会のなかで媒介するものとして、この地域の地域通貨は大きな地位を与えられているのである。

この地域通貨制度は、上述の三つの地域にまたがって展開していることから、それら三つの町の頭文字をとって「BMT LETS」と名づけられている。このBMT LETSの仕組みや実情について、詳しく論じることにしよう。

BMT LETSの地域通貨は「エコス(Ecos)」という名称で呼ばれて親しまれているが、その実態を大まかに整理すると次のようになる。

まず、人々が提供する物やサービスは、「時間」に基づいて交換関係の目安が決められている。労働の質に応じてウエイトづけされる場合もあるが、「平等なシステム」を目指す方向性にあり、おおよそ「1時間の労働＝15エコス」とされているようである。

このように、BMT LETSでは時間が交換の基準になっており、地域通貨であるエコスをオーストラリアドルと直接にリンクさせるということはしていない。ただし、ビジネスメンバーもLETSに加入しているという事情や、あるいは代金の半分を地域通貨で、そして残りをオーストラリアドルで支払うというケースもあることから、非公式ながら一般の人々の意識のなかでは「1エコス＝1オーストラリアドル」とイメージされているようである。

近年、エコスは紙幣形式をとっている。かつては小切手形式が採用され、個々人が振り出す小切手を事務局がコンピュータに入力し、個々人の口座残高を整理していた。しかし、近年の取引量の拡大に伴ってそうした事務局の事務処理作業の負担が増加したことから、その負担を節約するために事務局は紙幣形式を導入したのである。小切手は大口取引などに限定し、取引の大部分を占める小口取引は紙幣によって行っている。

取引されるものとしては、有機食品や手づくりのクッキーやタオル、あるいはラベンダーの香りの枕、清掃作業、マッサージ、アクセサリーなどがある。どれも、大掛かりな生産設備などなくても個人で生産できるささやかなモノばかりである。だが、人の健康や環境に配慮している点、あるいは手づくりといった点が高く評価されており、なかには地域通貨での取引で自分の才能を開花させ、イギリスやカナダに輸出するまでになった女性もいる。それまで「自分の労働には価値がない」と思っていた女性たちが、BMT LETS の

BMT LETS において使用されている紙幣タイプの地域通貨

BMT LETS のビジネスメンバー “OZ Positive” 新聞の編集長（Ms. Catherine Baker）

取引のなかで自信をつけているという。

BMT LETS の輪は、設立当初20人というほんの小さなものでしかなかったが、今では新聞社などのビジネスメンバーも増えている。新聞社の PR 活動にも助けられ、LETS の輪は大きな広がりを見せ始めている[14]。BMT　LETS では、他地域の LETS との交流も盛んであり、地域通貨間の互換性を持たせることによってほかの LETS グループが提供するサービスを受けることも可能となっている。

オーストラリアにおける地域通貨の一般的な性格

オーストラリアの地域通貨は地域ごとに特色があって決して一様ではないが、そのおおまかな特徴を、日本との比較のなかで２点ほど指摘しておきたいと思う。

まず第一に、日本において地域通貨というものが語られるとき、商店街活性化のための地域通貨の例に典型的に見られるように地域の資源を地域外へ流出させないための手段として論じられることがあるが、オーストラリアの地域通貨はこうしたものとは少し性格を異にしている。

たとえば、日本の場合、地域に住む消費者はその地域の商店街で購入するのではなく、近隣の大都市、あるいは地元周辺に展開した大手スーパーのもとで買い物をする傾向にある。その結果、地域の所得（貨幣）は商品流通を通じて全国的な大資本、巨大都市へと流出し、そこに集中・集積される。したがって、日本における問題としては、商品流通においていかに地域の購買力を外部へ流出させないようにするかという形で現れてくる。地域内に絶えずとどまるような地域通貨を用いることによって地域の富を地域内で循環させ、地域内の経済を活性化させるのだという構図になる。

オーストラリアの場合はそうではない。地域の所得（貨幣）が外部に流出するという面もあるが、より根本的にはそもそも地域において所得（貨幣）を得る術《すべ》がなくなったということそれ自体が大きな問題であった。したがって、個々人に潜在している才能、他人にしてあげられるものなどに生活手段としての光をあてることが、地域通貨の大事な役割になっているのである。

こうした流れのなかにオーストラリアの地域通貨が位置しているので、オーストラリアではBMT LETSなどに見られるように、簿記やコンピュータ技術の習得といったトレーニングも地域通貨を対価として受けられるようになっており[15]、州政府の失業対策などと結び付きながら、再就職に向けた教育プログラムが近年組み入れられてきているのである[16]。

地域通貨の意義やその果たす役割は多面的であるが、そうした諸側面にあって、現在のところオーストラリアにおける地域通貨の開

(14)　BMT LETSのメンバーになるには、入会費として法定通貨の25ドルおよび地域通貨10エコスを支払わなければならない。このうち、10エコスについては口座処理としてマイナス10エコスが記帳されるが、これら入会費は事務処理経費などとして使われる。メンバーとしての資格を更新のときには、15ドルおよび30エコスが必要なる。

(15)　BMT LETSでは夜間学校での教育も受けられ、授業料の半分を地域通貨で支払うことができる。夜間学校の講師はBMT LETSのメンバーが多い。

(16)　こうしたメニューは「トレーニングがコミュニティーを豊にする」という考え方から盛り込まれているという側面もある。

花をそのもっとも根底にあって支えているものは雇用問題であるように思われる。

雇用問題が大きな広がりのなかで深刻さを増してきているがゆえに、地域通貨は広範な人たちを巻き込みながら開花している。逆に、この雇用問題が深刻でない所では、地域通貨は事務局に代表されるようなごく一部の人たちの間でのみ息づいているにすぎないというのが現状のようだ。

それゆえ、地域通貨制度が成功する一般的な条件、あるいは逆に失敗に終わる一般的条件というのも、こうした雇用や所得という生活問題と深く関連していることになる。オーストラリアにおいて地域通貨が成功する一般的な条件は、生活に欠かせない食品が地域通貨で手に入れられること、そしてそのこととも関連するが、小売店なども含めたビジネスメンバーが多いことである。

逆に、地域通貨制度が失敗に終わる一般的な条件は、生活問題が改善されない場合に見られる。たとえば、地域通貨を持っていても食品などの生活に必要なものを充足できない場合である。地域通貨で購入できるもののリストのなかに食品などの生活に必要な物資があまりなく、逆にマッサージなどのサービスの比率が高ければ人々の地域通貨制度に対する評価は厳しいものになる。すなわち、「地域通貨は給料の足りない人がマッサージなどの贅沢なものを手に入れるために使う手段である」という評価、あるいは「地域通貨とは贅沢なものであり、電気代の支払にも使えないものだ」という評価につながっていく。

こうなると、地域通貨を手にしても使い道がないという問題が発生し、人々が地域通貨制度から脱退する大きな契機となりやすい。地域通貨を多く持ち越しているということは、その分地域で困っている人を支えたということを意味するが、そうした福祉的な側面にメンバーが意義を感じているというよりは、むしろメンバーにとっては自分たちの生活を支えるだけで精いっぱいであるというのが現状であるように思われる。オーストラリアの地域通貨の開花を支えているのは、今のところ福祉というよりは雇用、所得問題なのである。

第二は、地域通貨と貨幣との関連についての人々の意識についてである。日本においては地域通貨を貨幣との対抗関係において把握する論調が見受けられるが、オーストラリアにおいてはそうではない。むしろ、貨幣の存在を認めつつ貨幣制度の問題点を緩和し、補うものとして地域通貨は位置づけられている。地域通貨が存在しなければ享受できなかったであろうものを享受できるようにするための手段、つまりコミュニティ内の生活水準を改善するための手段として位置づけられているのである。

以上がオーストラリアの地域通貨のおおよその特徴であるが、最後にオーストラリアの地域通貨の本質にかかわる問題について少し触れておきたいと思う。

地域通貨を「法定通貨では表現できない価値を流通させるものだ」とする議論がときとして見受けられる。だが、「法定通貨では表現できない価値を流通させるものだ」と定義する場合、その「法定通貨では表現できない価値」とは一体何か、また逆に「法定通貨が表しているもの」とは何かについての明確な説明がない。地域通貨研究においては、貨幣の定義に際して価値尺度、流通手段、価値保蔵という貨幣のさまざまな形態規定性を羅列するという方法が一般化しているために貨幣の本質に関する定義が欠落しており、法定通貨が表現しているものとは何かということについて的確な説明がない。それゆえ、「法定通貨では表現できない価値」の中身についても明確な定義を与えることができないように思われる。

では、地域通貨が表しているものとは一体何か。それは、特定地域内での社会的労働にほかならない。したがって、全国的な範囲での社会的労働か特定地域内だけでの社会的労働かという相違はあるが、社会的労働を表しているという点では法定通貨と同じであるように思われる。もちろん、すでに述べたように、地域通貨は法定通貨と異なって高齢者などの働くことのできない人々を支えるという機能をもっている。これが、地域の連帯や協力関係を生むことにもつながるわけであるが、その場合であっても、地域通貨が表しているもの、すなわち働くことのできない人々に提供されているのは地域の人々の社会的労働なのである。

オーストラリアにおける地域通貨の法的位置づけ

オーストラリアにおける地域通貨は以上のような一般的な性格をもっているが、では、オーストラリアの地域通貨は法的にはどのような位置づけがなされているのであろうか。日本においても近年地域通貨の法的な位置づけについて議論され始めているところなので、この点について少し触れておきたいと思う。

一般に、貨幣には排他的な地位が与えられているので、地域通貨の法的な位置づけが問題となる。我が国の場合においては、紙幣に類似した作用をもつものを取り締まる「紙幣類似証券取締法」(明治39年施行)などによって貨幣の排他的な地位が保障されている。ただし、我が国においては「貨幣単位及び貨幣の発行に関する法律」(いわゆる「貨幣法」)などによって日本銀行が発行する日本銀行券および政府が発行する鋳貨が法貨であると指定されているだけで、紙幣に類似したものを取り締まる「紙幣類似証券取締法」を適用するうえでの前提となるはずの「どういうものを紙幣というのか」という明確な貨幣の本質に関する概念規定についての法律上の文言があるわけではない。それゆえ、「どういうものを紙幣に類似するものというのか」という見解について一般的な基準が出せない。したがって、現物を見てみないと紙幣類似証券取締法に抵触するか否か判断できないというのが現実であって、どう判断するかは紙幣類似証券取締法が施行された明治以来、制度上において大蔵大臣に裁量権として与えられてきたところであった。

もちろん、裁量権とされているとはいえ、「紙幣類似証券取締法」を適用するうえでの判断材料として、「通貨の機能とは、何処でも、誰でも、何にでも、支払ないし決済の手段として利用できることである」という「何処でも」、「誰でも」、「何にでも」という3条件が目安として存在してはいる。だが、これらは過去において「解釈論」として出されたものを整理してまとめたものであり、しかも目安にすぎないので、この三つの条件のすべてを満たしたからといって法律に抵触すると直ちに判断されるとはかぎらない。あくまでも、現物を見てみないと判断できないとする立場に変わりはない。地域通貨に関して、紙幣類似証券取締法の適用対象にならないことを予め認めることは困難であるとする見解を我が国の政府が示しているのはこのためである。(17)

他方、オーストラリアの場合はどうであろうか。「The Currency Act 1965」および「The Reserve Bank Act 1959」によってオーストラリア準備銀行の発行する紙幣および政府が発行する鋳貨に法定通貨としての地位が与えられているが、現在のところオーストラリア政府は、地域通貨が通貨に関する法律に抵触しないという態度をと

(17)　これらは、筆者の我が国の財務省への聞き取り調査に基づくものである。なお、我が国の地域通貨の法的位置づけについて触れた研究としては、建部正義「エコマネーは21世紀の貨幣たりうるか？」（経済理論学会第52回大会報告、2004年）などがある。

っている。確かに、オーストラリアドル紙幣が法定通貨であり、無制限に通用するものと規定されてはいる。しかし、その意味は、支払に際して提示されたときにその受け取りが拒否されてはならないということにあるのであって、オーストラリア中のすべての取引が法定通貨を使うことによって行われなければならないということを規定しているわけではないと解釈されている。

オーストラリアの法律がすべての取引が法定通貨によってのみ行われるべきであるということを命じていない以上、取引の当事者双方の間で事前に地域通貨での支払という条件が了解され、確認されているかぎりにおいて法定通貨の使用が強制される必要はなく、地域通貨での取引は法的に問題はないという。もちろん、これには地域通貨が通貨として政府によって見なされていないという事情も一部あるように思われる。

もっとも、地域通貨が親切や厚意の交換という範囲を超えてビジネスの領域に深く入り込んでいる場合には、税金にかかわる申告が義務づけられている。申告に際しては、取引金額は商業的な実質的な価値を反映する形で法定通貨であるオーストラリアドルベースに換算することが求められる。[(18)]

(18)　これらは、筆者のオーストラリアの財務省やオーストラリア準備銀行への聞き取り調査に基づくものである。

第4章

既存の戦略を見つめ直す

——我が国での自立に向けた取り組み

第1節 「誤った『常識』を覆す」——「蔵王すずしろ」の取り組み

我が国でも地域のなかを見渡してみると、地域の全体的、組織的なレベルとはいかないまでも、自立に向けた取り組みが個別に始められているところである。つまり、「下請けからの自立」という取り組みがそれである。これは、中小零細企業などにおいて見ることができる。

「注文に頼り、来る仕事を待つ」という従来の体制が成り立たなくなった今日、地方の中小企業は「下請けからの自立」という方向性においてその体制の転換を外的強制として迫られつつあるのである。だが、その際に重要なことは、自分たちが置かれてきた全体の構図を冷静に分析することによって従来の戦略を見つめ直し、新しい戦略を練る必要があるという点である。

ここでは、そうした先端的な取り組みを行っている事例として、知的障害者授産施設「蔵王すずしろ」の事例を取り上げよう。自立に向けた取り組みは、中小企業以外でも始まっているのである。

1．下請けの現実

「『障がいが重いから、働けない。働けないから賃金が安い。賃金が安いから人並みの生活ができない』。こういう誤った常識がまかり通っている」

こう語るのは、宮城県の南部、蔵王町にある知的障がい者授産施設「蔵王すずしろ」の所長武田元氏である。「蔵王すずしろ」では、この図式のまやかしを根本から問い直し、授産施設での平均的な給与の5倍に相当する高い所得を保障し、知的障がい者たちの経済的な自立を実現している。

一般に、知的障がい者を取り巻く経済的な環境は決して良好なものとはいえない。一般社会においては、知的障がい者の人は不況期になれば最初に解雇の対象にされやすいという。働く術を失えば生きていくことは難しい。問題は、人ひとりの生命にかかわることなのである。

こうしたなかで知的障がい者の人たちに働く力を身に着けさせる施設、あるいは働く場を提供する施設が知的障がい者授産施設であるが、一般の授産施設に働く知的障がい者たちの生活も決して楽なものではない。その1ヵ月の平均給与はというと、およそ1万円にすぎない。年金として給付される6万円と合わせても7万円にしかならないのが現実なのである。

生きていくためには所得を得ることが大事であって、一人ひとりに所得を保障することが必要である。だが、それにもかかわらず、なぜこうも生きることが難しいのか。こうして「障がいが重いから、働けない。働けないから賃金が安い。賃金が安いから人並みの生活ができない」という冒頭で紹介した論理に根本的な疑問を投げかけることから「蔵王すずしろ」の取り組みが始まった。

「蔵王すずしろ」所長　武田元氏
写真提供：知的障がい者授産施設「蔵王すずしろ」

「人並みの生活ができない」こ

とをもたらすものの正体とは一体何か？　行政の支援の手薄さはあるにしても、授産施設に働く知的障がい者の１ヵ月の平均給与が１万円にすぎないのは一体なぜか？

それは、仕事の中身に問題があるからである。授産施設では普通は下請けの仕事が多い。これが、授産施設に働く知的障がい者の１ヵ月の平均的給与を１万円にしている要因をなしていた。通常、授産施設では、その事業収入に応じてメンバーに分配する仕組みになっている。つまり、収益が上がれば分配するという仕組みになっているので、収益性の低い下請けでは知的障がい者の人たちに分配のしようがないのである。

２．既存の戦略のどこに問題があるのか　～なぜ、下請け依存型なのか～

だが、なぜ下請け依存型なのか。一人ひとりに所得を保障するためには、仕事の中身を吟味しなければならない。その点では、収益性の低い下請けから脱却することが必要である。だが、下請けではない仕事となると、一般にどういう戦略が授産施設で選択されることになるのか。一般の授産施設の戦略を見てみよう。

通常は、「障がい者にできるものは何か」という発想が先に立つという。もちろん、それによって優れた製品づくりがなされる事例もあるとはいえ、付加価値が低く、リピーターを確保しにくい事例が多い。したがって、売上が上がらないため、一人ひとりに分配ができない。こうして、売れるかどうかが分からないモノを生産するよりは、収益性の低さを甘受してでも販売が見込める下請けという受注の仕事に依存するという、まさに中小企業が置かれてきたものと同じ構図が授産施設においても完成することになる。

3．どう新しい戦略を構築するか～どう自立するか～

そこで、下請けに依存することなく、一人ひとりに所得を保障できるだけの付加価値の高い、しかもリピーターを確保できる自主製品をどう開発するのかが戦略を構想するうえではきわめて重要になってくる。分かりやすくいえば、値段が高くても、自然に人が何度でも買うために足を運ぶ商品づくりである。ここが重要なポイントになる。

「蔵王すずしろ」がその戦略の構想の出発点に置いたのは、まさにこうした「収益の上がるものは何か」という発想であった。ほかの施設では、普通は上述したように「障がい者にできるものは何か」という発想から戦略の立案をスタートさせるが、「蔵王すずしろ」ではそうではなかった。授産施設の生産できる数量はかぎられるであろうから、数量が少なくても売上金額の上がるものを生産する以外に進むべき道はないと現状を分析したのである。つまり、価格が高くても売れて、生産数量の少なさを補える商品づくりである。こうしたものでなければ、知的障がい者の人たち一人ひとりに所得を保障することはできないと考えたのである。

では、「蔵王すずしろ」はこうした商品づくりにどうやって成功したのだろうか。

「蔵王すずしろ」が取り組んだのは、ほかとは違う豆腐づくりであった。その秘訣は、豆腐づくりの際に原料として用いる豆乳の濃度にある。一般に豆腐の原料となる豆乳というと、12％という濃度が採用される。というのも、この濃度がもっとも安定して豆腐の生産量が確保できる濃度だからである。それゆえ、大量生産の場合にはもっぱらこの12％という濃度が採用されている。この濃度よりも高くても低くても、豆腐の大量生産は難しくなるのだが、「蔵王すず

「蔵王すずしろ」の豆腐

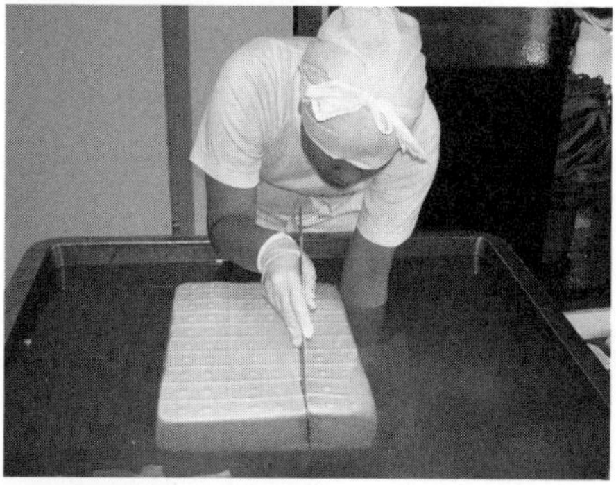

「蔵王すずしろ」での豆腐の生産現場

「蔵王すずしろ」のパン

写真提供：知的障がい者授産施設「蔵王すずしろ」

しろ」ではあえてこの安定して生産量が確保できる濃度を捨てて、これよりも4％も濃い16％の濃度を選択した。

実は、大量生産のできる濃度を放棄することは「蔵王すずしろ」にとっては有利な条件であった。もし、12％の濃度の豆乳を選択すれば、ほかの量産品との価格引き下げ競争に巻き込まれることになる。それでは、施設の生産数量の少なさを売上単価の高さによって補うということができなくなる。逆に濃度を16％にすることによって、12％の濃度でつくった豆腐よりも豆の香りのする美味しい豆腐ができるのである。ほかの競争者が入り込みにくい分野に入り込むことによって、高い価格で販売ができるのだ。

こうした手法は、そのほかの商品づくりにも生かされている。「蔵王すずしろ」では豆腐のほかにパンやドーナッツもつくっているが、このパンやドーナッツは豆腐の生産過程で生じる「雪花菜」を活用してつくられている。「雪花菜」をゴミとして廃棄してしまうのではなく、無駄なく使うことによってパンやドーナッツに豊かな食感と風味を与えることができる。

「蔵王すずしろ」の豆腐やパンの価格は通常の2倍程度であるが、その品質が消費者に高く評価されて需要が伸びている。その美味しさがゆえに、販売で苦労したことはないという。美味しいという評判が口コミによって伝わり、その口コミがまた別の消費者を連れてくる。こうした口コミの連鎖が、宮城県内の有力小売店での店頭販売にまでつながっていった。

「有力小売店で取り扱っている商品だから安心だ」というイメージが豆腐の品質保証となり、「蔵王すずしろ」というブランド力をさらに高め、いっそうの販路の拡大につながっている。今では、宅配便も含めるとその販路は東北地方だけでなく、関東地方や関西地方にまで広がっている。こうして「蔵王すずしろ」では、施設に働く人の平均給与の５倍に相当する所得をメンバーに保障することに成功したのである。

「障がいが重いと働けない、働けないから賃金が安い、賃金が安いから人並みの生活ができない」という論理のまやかしに根本的な分析のメスを入れ、新しい戦略を練り上げたところに「蔵王すずしろ」の成功がある。

こうした戦略のもと、「蔵王すずしろ」ではメンバー全員が力を合わせていった。その際、重視されたことはメンバー一人ひとりが「どうすれば生き生きとするのか」ということである。何に興味をもっているのか、何をやりたいのかを大事にすればメンバー一人ひとりが生き生きとしてくるのであって、このことが個々の能力を充分に発揮することにつながっていくからである。

「蔵王すずしろ」は、「どんなに障害が重くても、働くことは人間にとって最も基本的な営みでありかつ人間として生きていくために必要不可欠な権利である」という考えを基本に、「障害者がその能力を十分に発揮し、働くことに意欲的に取り組むことができる」よう、「一人一人の自主性と主体性を大切」にすることを理念とする施設である[1]。

第2節　地域の金融機関に期待される役割

このように、我が国でも地域の内部には自立に向けた取り組みが個別に芽吹き始めている。地域の内部には程度の差こそあれ同じような厳しい状況にある企業や人々が多く存在しており、そうした横の「地域内での連携」をつくることによって活路を見いだそうとする試みもなされ始めてきているところである。

こうしたネットワークづくりにあたっては、地方自治体とともに地域の間接金融を担う金融機関に対する地域の期待はきわめて大きいものがあるように思われる。間接金融ではなく株式などの直接金融によって企業の再生や起業のためのリスクマネーを供給させようという政策も提唱されてはいるが、株式などの直接金融は地方には流れにくいのが現実だからである。株式についていえば、リスクマネーを出すのも、それを受け取るのも大都市圏であって、地方ではないのである。実際、リスクマネーの供給は約90%が3大都市圏から供給され（**図4－1**参照)、それを受け取る側の上場企業なども約80%が大都市圏に集中しており、リスクマネーが地方に流れることはほとんどない（**図4－2**、**図4－3**参照)。

地域の金融機関に対する期待が存在する一方で、地域の金融機関の側でもまた、その生き残りの道を模索しているように感じられる。そこで、ここでは次の二つの観点から地域の金融機関のあり方について少し触れてみたいと思う。

一つは、地域の金融機関を取り巻く環境がどう変化してきたのか

(1)　社会福祉法人はらから福祉会『知的障害者授産施設蔵王すずしろ要覧』、参照。

図４－１　都道府県別株式数分布状況

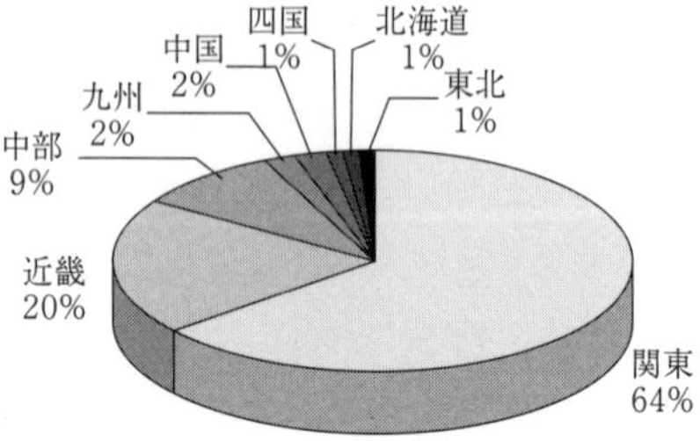

（ 注 ）全国証券取引所協議会調。数値は1999年。
（出所）東京証券取引所『証券統計年報』（2000年版）より作成。

図４－２　東証上場企業数の地域別構成比

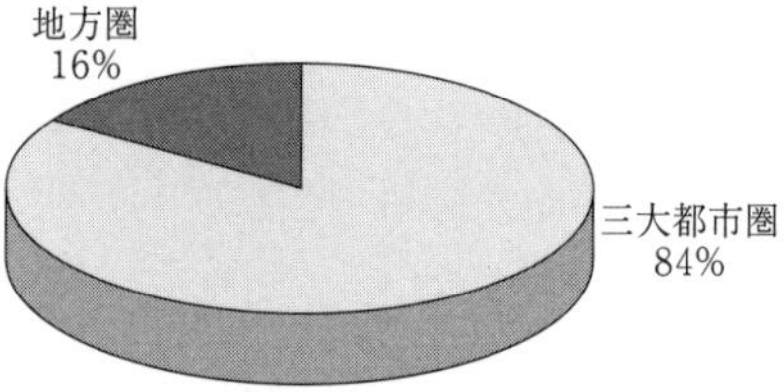

（ 注 ）数値は2000年の東証１部と２部を合わせたもの。
（出所）日本政策投資銀行　地域政策研究センター『地域ハンドブック』（2002年度版）より作成。

図４－３　店頭上場企業数の地域別構成比

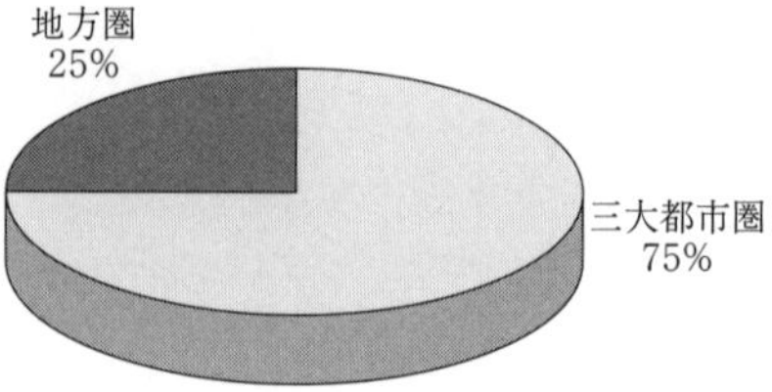

（ 注 ）数値は2000年。
（出所）日本政策投資銀行　地域政策研究センター『地域ハンドブック』（2002年度版）より作成。

という点である。つまり、地域の金融機関がこれまでどのような位置づけに置かれ、その存在意義がどう変化してきているのかということである。現代において地域の金融機関の存在が大きく動揺している以上、地域の金融機関のあり方を模索するうえではこの論点は避けて通れないであろう。もう一つは、地域の金融機関の従来の戦略をどう見るかという論点である。

まず、地域の金融機関の存在意義はどう変わったかについて見てみよう。歴史的に見てみると、その存在意義は大きく変化しているように思われる。

明治時代においては、実は地域の金融機関は充実されるべきものとして絶えず重視されてきた。それはなぜかというと、後発の資本主義国としてスタートした我が国において、国内生産の底辺にあってそれを支える層である国内の中小企業や農業を底上げすることが日本全体の生産力の増強につながると考えられたからである。先進の資本主義国に追いつくには生産力の増強が必要だが、地方の金融が円滑でなく、地域経済が衰退していては一国の経済進歩もまたあり得ない。こうした認識から、地域の産業である中小企業や農業などへ資金が流れるように低利での融資ルートを確保する、あるいは太くするということが絶えず課題とされてきた(2)。それゆえ、地域の金融機関は重視されてきたのである。

戦後においても、現実においてはともかく、少なくとも政策課題のうえにおいては大きな変化はあまりなかったように思われる。金融機関のなかでの合併が進められたという点はあったにしても、大手企業の輸出の国際競争力を高めるという観点から下請けを担う中小企業への融資ルートの充実ということが課題とされていた。

（2）　森静朗『庶民金融思想史体系』日本経済評論社、1977年、参照。

しかし、現代においてはこうした構図に徐々に変化が生じているように思われる。生産の底辺にあってそれを支えるという中小企業の役割、そしてさらにその根底にあって働く人々の食生活を支えるという農業の役割は、企業の海外生産の進展と農産物の自由化によって、日本の地域にではなく徐々に国外に今のところ求められつつあるように思われる。そうなると、地域の金融機関に与えられる位置づけにも影響が生じる。たとえば、それは「日本では金融機関の数が多すぎる」という議論にもすでに現れているところである。現実においても、農業を支えてきた農協系金融機関、中小企業を支えてきた中小企業専門金融機関の店舗数が減少してきている（**表４－１**参照）。

従来であれば、地域の金融機関の社会的な役割というものは我が国が置かれた経済情勢に基づいて何もしなくても重要な役割を自然に与えられてきたといってよいが、今後は地域における自身の存在意義というものを見つめ直し、能動的にオリジナルなものとしてつくっていく必要があるように思われる。

本書で取り上げた「マレニー・クレジットユニオン」は、金融機関の生き残りのキーワードとされる「効率性」や「預金量」の規模のどれにも当てはまらないにもかかわらず生き残り、そして発展してきた。マレニー・クレジットユニオンの総預金量は約1,200万オーストラリアドルであり、金融機関としての規模から見ればたいへん小さい。また、競争相手の存在という観点から見てみると、オーストラリアでは統計上人口１万人に対して一つの信用組合というのが平均的な数であるから、これだけを見ればマレニー地域は平均的な経営環境にこそあるが、この小さなマレニー地域にはオーストラリア屈指の大手銀行が競争者として存在しており、経営環境に恵まれているとはいえない。

表4－1　日本の地域別主要金融機関の店舗数と増減率

	都銀・地銀		第2地銀		信金・信組		合計		増減率
	1993年	2001年	1993年	2001年	1993年	2001年	1993年	2001年	1993－2001年
北海道	334	187	190	281	721	713	1,245	1,181	－5.1%
東北	985	1,027	517	415	766	772	2,268	2,214	－2.3%
関東	3,560	2,939	815	749	3,218	3,040	7,593	6,728	－11.3%
北陸	695	668	313	248	705	710	1,713	1,626	－5.0%
中部	1,359	1,353	650	607	1,908	2,035	3,917	3,995	1.9%
近畿	1,973	1,710	1,003	527	1,976	1,646	4,652	3,883	－16.5%
中国	797	803	338	330	819	796	1,954	1,929	－1.2%
四国	522	494	312	307	265	253	1,099	1,054	－4.0%
九州	1,505	1,476	706	640	1,005	999	3,216	3,115	－3.1%

第2地銀、信金、信組の地域別店舗増減率

（単位：%）

	第2地銀	信金・信組	農協
北海道	47	－0.1	－53
東北	－19.7	0.7	－90
関東	－8	－5	－91
北陸	－20	0.7	－91
中部	－6.6	6.6	－94
近畿	－47	－1.6	－93.7
中国	－2.3	－2.8	－93.6
四国	－1.6	－4.5	－93.7
九州	－9.3	－0.5	－91.6

（注）地域の構成は次の通り。
北海道…北海道
東北……青森、岩手、宮城、秋田、山形、福島
関東……茨城、栃木、群馬、埼玉、千葉、東京、神奈川
北陸……新潟、富山、石川、福井
中部……山梨、長野、岐阜、静岡、愛知、三重
近畿……滋賀、京都、大阪、兵庫、奈良、和歌山
中国……鳥取、島根、岡山、広島、山口
四国……徳島、香川、愛媛、高知
九州……福岡、佐賀、長崎、熊本、大分、宮崎、鹿児島、沖縄

（出所）東洋経済新報社『地域経済総覧』各年版より作成。

しかし、それにもかかわらず、マレニー・クレジットユニオンは「地域の味方」であるがゆえに支持されて存立してきた。他方、効率性や規模や利益という点ではマレニー・クレジットユニオンよりはるかに優れた多く銀行やクレジットユニオンが大手銀行との競争のなかで吸収、合併、淘汰を余儀なくされてきている。

ベンディゴバンクの事例も同様である。ベンディゴバンクももともと地方の単なる一銀行であり、生き残りを模索しなければならないような立場にあった。ところが、「コミュニティが発展することが銀行の発展の道」と位置づけて世論を味方につけることによって、いまや大手銀行よりもはるかに高い名声と全国的なブランド力を身に着けている。「効率化によって競争力をつける」というオーストラリアのほかの銀行が生き残り戦略としてどこも一様に掲げるものを否定したことに、ベンディゴバンクの発展があるのである。

これらは、地域と金融機関との新しい関係の構築に向けての試みとして注目されている。地域が疲弊する時代にますますなりつつある時代だからこそ、こうした試みが重要となるのではないだろうか。

おわりにかえて

本書は、海外および国内の調査や分析をもとに執筆したものであるが、本書の執筆に至った経緯について触れておきたいと思う。前著『バブル経済の発生と展開』の執筆に際して、実体経済の構造変化の進展も含めたバブル経済崩壊後の経済分析が今後の研究課題として残った。バブル経済崩壊後の実体経済の変化は不良債権処理という問題だけではなく、海外生産の進展やグローバル化という問題から生じているが、その影響がもっとも強く現れているのが地域である。そこで、バブル経済崩壊以後の経済分析の研究対象として「地域の経済と金融」が私のなかで問題意識として強く意識されるようになった。地域の喘ぎの原点は一体どこにあるのか、そしてそれを打開する方法としてどのようなものが試みられているのかということについて、日本と同じようにバブル経済の崩壊やグローバル化、「貸し渋り・貸し剥し」にあえいでいる海外の事情も視野に入れながら研究を進めることとなった。そして執筆されたのが本書である。

本書の完成に至るまでには、多くの方々にご厚情とご支援をいただいた。記して謝意を表したい。金田重喜先生、村岡俊三先生、下平尾勲先生にはたいへんお世話になった。また、研究の契機を与えていただいた鈴木誠先生を長とする岐阜経済大学地域通貨研究会および財団法人岐阜県産業文化振興事業団・地域文化研究所の方々、そして海外調査に絶えずご協力いただいたデジャーデン由香理さん、この方々なしに本書の成立はなかった。

調査先でお世話になった方々にもご厚情をいただいた。海外調査においては、マレニー・クレジットユニオン、ベンディゴバンク、アップウェイコミュニティバンク、オーストラリア準備銀行、オーストラリア・ニュージーランド銀行、クイーンズランド銀行、BMT LETS、ヤラ・レインジズ・シャイアの方々、平井正太郎氏、国内調査においては、坂野喜一氏、藤本邦夫氏、坂田英俊氏、知的障害者授産施設「蔵王すずしろ」の武田元所長と小室諭副所長にご協力いただいた。また、政治経済学・経済史学会理論現状研究会の先生方には研究発表の機会を、藤本久子さんや加藤泰幸氏をはじめとする岐阜県多治見苑団地地域通貨研究会の方々には講演の機会をそれぞれいただいた。

立教大学の山口義行先生、和光大学経済経営学部の徳永潤二先生、金融庁金融研究研修センターの松田岳先生にもご厚情を戴いた。福祉分野については神戸女子大学の眞野典子先生、兵庫医科大学の安井豊子先生にも貴重なご助言を戴いた。それぞれの方に、この場を借りて御礼申し上げる。

本書を世に送り出してくださり、いつも陰で温かく見守っていて下さる新評論の武市一幸社長には心からの感謝を申し上げたい。新評論の方々の日々のひたむきな努力によって支えられ、励まされてきたことを忘れることができない。

最後に、私事ではあるが、母と兄、そして私を支えて下さった多くの方々に心よりお礼申し上げたい。

2005年３月25日

佐藤　俊幸

ACKNOWLEDGEMENTS

I would like to thank the following people for sparing precious time to provide me with valuable information:

Peter Pamment and Peter Searle—Directors, Maleny and District Community Credit Union

Paul Rees—Public Relations Officer, Maleny and District Community Credit Union

Jan Tilden—Editor, “Ob－la－di”

Russell Jenkins—Chief manager, Community /Alliance Banking of Bendigo Bank

Rob Hunt—Managing Director, Bendigo Bank

Callum Wright—Assistant to Chief Manager Alliance Banking, Bendigo Bank

Peter Marke—Chairman, Upwey and District Community Bank Branch of Bendigo Bank

Mike Fleming—Manager, Upwey and District Community Bank Branch of Bendigo Bank

Chay Fisher—Senior Research Analyst, Reserve Bank of Australia

Richard Brazenor—Research Analyst, Reserve Bank of Australia

David Hodgett—Councilor, Shire of Yarra Ranges

Julie Graham—Manager, Economic Development in the Shire of Yarra Ranges

Catherine Baker—Editor, “Oz Positive”

Paul Borg—Assistant Professor, Gifu Keizai University

I would express my particular appreciation to Stuart Williams, Co-ordinator for Township Development in the Shire of Yarra Ranges for all his valuable assistance.

Toshiyuki Sato
Professor, Gifu Keizai University

索　引

【さ】

【た】

【な】

【は】

【ま】

著者紹介

佐藤俊幸（さとう・としゆき）

東北大学大学院経済学研究科博士課程修了。東北大学経済学部助手を経て、岐阜経済大学経済学部教授。博士（経済学）東北大学。

著書

『バブル経済の発生と展開』（新評論、2002年。東洋経済新報社『週刊東洋経済』において「注目の１冊」として取り上げられる）

『現代の金融と地域経済』（共著、新評論、2003年）

コミュニティ金融と地域通貨

——我が国の地域の状況とオーストラリアにおける地域再生の事例——

（検印廃止）

2005年４月15日　初版第１刷発行

著　者　佐藤俊幸

発行者　武市一幸

発行所　株式会社　新評論

〒169-0051
東京都新宿区西早稲田３-16-28
http://www.shinhyoron.co.jp

電話　03（3202）７３９１
FAX　03（3202）５８３２
振替・00160-1-113487

落丁・乱丁はお取り替えします。
定価はカバーに表示してあります。

印刷　フォレスト
製本　清水製本プラス紙工
装丁　山田英春＋根本貴美江

Printed in Japan
ISBN4-7948-0661-2 C0033

売行良好書一覧

著者	書名	判型・頁数	価格	ISBN	刊行年	内容
下平尾　勲	円高と金融自由化の経済学	A5 368頁	4620円	ISBN 4-7948-8219-X	〔87〕	円高・ドル安など激変する金融現象を，我が国の産業構造の変化と関連させ，日米両国の経済指標に基づいて分析。歴史的転換点にある日本経済を具体的・実証的に解明する。
下平尾　勲	信用制度の経済学	A5 456頁	4410円	ISBN 4-7948-0437-7	〔99〕	貨幣や金融の話題が日常化している現代，その基本的理論・諸現象の把握のために古典の再読を試みた著者が，『資本論』をもとに現在の諸問題を総合的に分析し，かつ批判する。
佐藤俊幸	バブル経済の発生と展開	A5 192頁	2520円	ISBN 4-7948-0578-0	〔02〕	【日本とドイツの株価変動の比較研究】株式投資のあり方，日本の株価の「常識」，バブル経済の本質等を再検討し，ペイオフを控えた今日の投資判断に道標を示す試み。
下平尾　勲	地域づくり　発想と政策	A5 400頁	3990円	ISBN 4-7948-0280-3	〔95〕	【21世紀の地域論】地域自体を町村，地方中小都市，中枢都市と三つに区分し，規模に応じて地域経済社会の自立的発展に必要な新たな発想と枠組みを大都市との関連において提唱。
下平尾　勲	地場産業	A5 360頁	3990円	ISBN 4-7948-0327-3	〔96〕	【地域からみた戦後日本経済分析】高度経済成長，証券不況，石油危機，円高……，戦後の節目の中で日本の地場産業はどのように構造変化を遂げ，発展してきたか。
関　満博・辻田葉子編	飛躍する中小企業都市	四六 223頁	2520円	ISBN 4-7948-0525-X	〔01〕	【「岡谷モデル」の模索】東洋のスイスと言われた精密機械工業の集積地，長野県岡谷市。70年代の産業構造調整の経験から，果敢な海外進出に挑んできた地方小都市の活力を究明。
関　満博・佐藤日出海編	21世紀型地場産業の発展戦略	四六 240頁	2730円	ISBN 4-7948-0572-1	〔02〕	21世紀に新たな役割を期待される地場産業。全国から９つのケースを検証し，後継者不足，従業員の高齢化，中国製品の席巻などの難題課題を分析し，発展のための新戦略を提起。
関　満博・長崎利幸編	市町村合併の時代／中山間地域の産業振興	四六 242頁	2730円	ISBN 4-7948-0597-7	〔03〕	自立と希望のまちづくりへ！　人口減少，高齢化などの問題を抱える「条件不利」地域の取り組みを検証し，地域の歴史と人々の思いを基礎にすえた合併実現への課題を探る。
関　満博・横山照康編	地方小都市の産業振興戦略	四六 228頁	2730円	ISBN 4-7948-0635-3	〔04〕	「自分たちの街」づくりをめざして！　効率の名の下に市町村合併が推進される中，人材育成や資源の見直しなど，自立に向けて産業振興に取り組む小都市の課題と展望を探る。

※表示価格はすべて税込み定価・税５％